어른들에게 보내는 경고장

어른들에게 보내는 경고장

2016년 12월 20일 초판 1쇄 발행

글	윤일호
펴낸이	김완중
펴낸곳	내일을여는책
인쇄	예림인쇄
제책	바다제책
관리	장수댁
출판등록	1993년 01월 06일(등록번호 제475-9301)
주소	전라북도 장수군 장수읍 송학로 93-9(19호)
전화	(063) 353-2289
팩스	(063) 353-2290
전자우편	wan-doll@hanmail.net
블로그	blog.naver.com/dddoll
ISBN	978-89-7746-063-8 03370

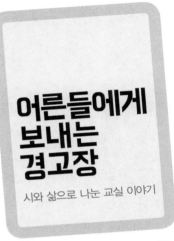

어른들에게
보내는
경고장

시와 삶으로 나눈 교실 이야기

윤일호 지음

내일을여는책

시와 삶으로 만난 아이들

이오덕 선생님은 '시를 쓰는 것은 사람이 사람답게 되는 가장 확실한 길'이라고 하셨습니다. 시는 사람의 마음을 그대로 보여주는 알맹이입니다. 말재주를 부리거나 삶을 거짓으로 꾸며 쓴 글은 시라 할 수 없습니다. 시를 쓰는 것은 사람이 되어가고, 다른 목숨이 귀한 줄 알아가며, 따스한 눈으로 세상을 바라보는 힘을 기르는 과정이기도 합니다.

이 책에는 제가 만난 아이들이 쓴 시와 제가 쓴 시를 골라서 담았습니다. 제가 만났던 모든 아이들의 시를 담았으면 좋았을 텐데 하는 아쉬움도 듭니다. 아이들 시에는 식구 이야기, 시험 걱정, 이웃과 세상 사람들의 모습, 자연 풍경, 일하면서 배운 것, 몸으로 겪은 순간순간의 느낌, 생명을 보살피는 따스한 마음 등이 있습니다. 아이들의 '진짜' 삶이 시에 담겨 있습니다.

어떤 어른들은 요즘 아이들이 너무 편하게 자라서 문제라며 걱정합니다. 그러면서 결국은 아이들에게 '공부'라는 한계와 어른들의 잣

대를 들이대고는 하지요. 어른들은 그저 시키는 것이나 잘했으면 하는 것 같아 안타깝습니다. 그런 어른들 틈에서 자란 아이들은 숨도 제대로 쉴 수 없을 만큼 힘들어합니다. 답답하고, 속상하고, 억눌린 마음을 풀면 다행이지만 마음에 담아두고 산다면 얼마나 힘들까요. 제가 만났던 아이들은 주로 시를 쓰면서 마음 이야기를 풀어냈습니다.

아이들에게 조금만 주의를 기울여도 온갖 공부거리가 널려 있습니다. 아이들의 싸움에서, 아이들끼리 주고받는 말에서, 아이들과 나의 말과 행동 등에서 온통 공부거리를 발견합니다. 그때 했던 말을 놓치지 않고, 기록하면 그것이 소재가 되어 저도 글이나 시를 쓰게 됩니다. 아이들이 저에게 공부거리를 주었으니 아이들은 제 스승이 되는 셈이지요.

시를 쓰면서 '나'다움을 잃지 않는 것은 곧 온몸으로 시를 쓰는 것입니다. 이오덕 선생님은 어린이는 누구나 시인이라고 말씀하셨어요. 슬픔도 눈물도 모른 채 돌처럼 딱딱한 마음을 가진 어른과 달리, 사람이 본래 가지고 있는 곱고 부드러운 마음을 아이들은 가지고 있기 때문이라고 하셨지요. 어른들이 시를 쓸 때는 대체로 머리로 쓰지만 아이들은 순간의 마음을 꾸미지 않고 있는 그대로 직관으로 씁니다.

저는 복이 참 많은 선생입니다. 진안과 인연이 되어 발령을 받아 소중한 제자들을 만날 수 있었고, 그 덕에 진안이 제2의 고향이 되었습니다. 진안에 살면서 아내와 결혼하게 되었고, 장승학교 둘레에 집을 지었으며, 사랑하는 영토, 민, 겨레, 벼리 아이를 넷이나 낳고 행복하게 살고 있습니다. 또 이렇게 아이들이 쓴 시와 제가 쓴 시를 책으로 낼 수 있게 되었으니 참 복이 많은 사람이지요.

부족한 내용이지만 이 책을 읽고, '아, 나도 아이들과 시를 한 번 써보고 싶다.' 하는 마음이 드는 분이 계신다면 더없는 기쁨이겠습니다. 아이들과 목적지 없이 길을 걸어보고, 비 오는 날 운동장을 맨발로 걸어보기도 하면서, 세상 이야기를 진지하게 토론하면서 아이들 마음이 있는 새로운 세상을 만날 수 있으면 좋겠습니다.

2016년 12월

진안 고원에서 킹콩 윤일호

어른들에게 보내는 경고장

5월은 어린이날, 어버이날, 스승의날이 있는 가정의 달이다. 오늘날 스승의날은 거의 있으나마나 하지만 그래도 아이들에게 선생은 선생이다. 6학년이라고 지들끼리 속닥거리더니 스승의날이라고 꽃과 편지를 준비했다. 챙겨준 아이들 마음이 고맙기도 했지만 스승의날이 천덕꾸러기가 되어버린 세상이 씁쓸하기도 했다. 결국 대부분 학교가 그렇듯 스승의날에 재량휴업일로 하루 쉬었다.

2009년 5월 16일, 스승의날 다음 날이었다. 교실에 아이들이 하나둘씩 들어왔다. 현희도 아이들과 함께 교실로 들어왔다. 들어오자마자 자리에 앉아 책가방을 열더니 공책 한 권을 꺼냈다. 얼핏 보니 일기장 같다. 가끔 저녁에 일기를 쓰지 않고 아침에 쓰는 아이들이 있는지라 현희도 아침에 쓰려고 꺼내나 싶었다. 그런데 일기장을 들고 앞으로 나오는 것이다. 선생님 책상 앞에 툭 내려놓으며 "쌤, 일기장이요." 한다. 평소에 일기를 꾸준히 쓰는 아이지만 일기장을 내라는 소리도 안 했는데 학교에 오자마자 낸 건 드문 일이다. '나한테 하고 싶은 이야기가 있나?' 현희가 들어가자마자 일기장을 폈다.

스승의날 특집 방송
이현희 (진안중앙초 6학년)

밤 열 시부터 교사가 무엇을 하는지 나왔다. 교감이 되려고 교장의 취미를 알아서 같이하러 다니고 공문인가 해결하러 다닌다. 학생을 잘 가르쳐서 교감이 되는 것이 아니라 교장에게 잘 보여서 교감이 된다. 또 교감이 되려고 가산점을 얻는다. 뭔 뜻인지는 모르지만 대충은 알겠다. 선생이 학생을 잘 가르쳐야지 공문 해결하려고 학생 자습 내주고 공문을 해결한다. 차라리 나 같으면 교감 안 하겠다. 그리고 선생이나 계속 하겠다. 학생들 피해 가면서까지 그렇게 하는 까닭이 뭘까? 정말 궁금하다. 그리고 선생을 기다리는 학생도 불쌍하다. 똑같이 돈 내는데 수업은 안 해주고 원. 차라리 전학을 가지. (2009. 5. 15)

일기를 읽는 내내 머리에서, 가슴에서 뭔지 모를 찌릿함이 느껴졌다. '아, 아이들이 다 알고 있구나. 마냥 어린 것만은 아니지.' 하고 머리로는 이해하면서도 어린아이처럼 대했던 내가 부끄러웠다. 늘 학급에 문제가 생기면 아이들 탓을 하곤 했는데 냉정히 생각해보면 결국 문제는 선생이지 싶다.
　어린 동생이 셋이나 되는 맏언니인 데다 생각이 깊은 현희인 줄은 알았지만 일기 내용은 더욱 놀라웠다. 선생들이 무엇을 해야 하고 어떤 행동이 잘못된 것인지 정확히 판단하고 있었다.
　애써 태연한 척 현희를 불렀다.
　"현희야, 어제 EBS에서 본 내용을 일기로 쓴 거여?"
　"예, 저녁에 EBS 보다가 교감 선생님 되는 이야기 나오더라고요."

13

현희는 별일 아니라는 듯 건성으로 대답했지만 아침에 오자마자 일기를 낸 건 내가 읽기를 바라는 마음이었을 테니 내 반응이 있어야 맞지싶었다.

"그래?" 하고 말해놓고도 무슨 말을 해야 할지 한참을 머뭇거렸다.

"현희야, 근데 샘은 어떤 거 같어?"

현희는 알 듯 말 듯 한 표정으로 입을 오물오물하다 말했다.

"그냥 샘은 봐줄 만하죠."

의식 안 하는 것 같지만 그래도 아이들이 나를 어떻게 생각할까 가끔씩 궁금하기는 했다. 봐줄 만하다니 다행이지 싶었다.

생각해보면 아이들은 어른들에게 하고 싶은 말이 있을 때 글이나 말로 또는 다른 표현으로 '내 마음 좀 제발 봐주세요.' 하고 있다. 아이들이 그렇게 신호를 보내도 어른들은 모른 척하거나 눈치채지 못하는 경우가 많다. 그러다 곪아 터지면 문제가 발생한다. 태규 이야기도 그렇다.

망할 선생
김태규 (장승초 6학년)

1학년 때
그 선생이 별거 아닌 일로
나를 매우 혼냈다.
학교 앞에서
불이 깜빡거릴 때 건넜다고
또,

그때 멈추라고 했는데
안 멈추고 그냥 갔다고
단단한 시멘트 바닥에
무릎 꿇게 하고
얼굴이랑 다리, 몸을 걷어찼다.
미친 선생, 망할 선생
너무 한심하고 어이없다.
난 그날
그 선생님을 죽이고 싶었다. (2012. 4. 18)

1학년에 입학한 작은 아이를 길거리에서 무릎을 꿇게 하고, 사람 많은 곳에서 선생이 발로 걷어찼으니 몸은 몸대로, 마음은 마음대로 얼마나 상처가 컸을까? 아이들은 귀한 존재이고, 체벌해서는 안 된다고 말하지만 아직도 학교 현장에서나 가정에서는 이런 일들이 벌어지고 있다.

금세 깨지기는 하지만 1학년 입학생 중에는 학교에 대한 동경을 가지고 있는 아이들이 제법 있다. 즐겁고 신나는 학교를 기대했을 텐데 선생의 잘못으로 모든 기대는 다 사라지고 말았다. 오죽했으면 다섯 해가 지나고, 6학년이 되었는데도 태규는 죽이고 싶은 마음이 남아 있을까? 아마도 많은 시간 동안 풀리지 않은 상처를 들어달라고, 어루만져달라고, 치유해달라고 어른들에게 끊임없이 신호를 보냈을 것이다.

태규가 6학년이 되어 경기도에 살다가 장승학교로 전학 왔다. 또래 아이들보다 훨씬 큰 키에 뽀얀 피부, 또렷한 이목구비, 웃는 얼굴도 참 귀엽고 잘생긴 아이였다. 더 놀란 것은 유창한 영어 실력이었다. 팝송을 좋아하는 태규는 귀에 이어폰을 꽂고, 나도 잘 모르는 팝송을 가끔 따라 불렀다.

"태규야, 영어 잘하네?"

"예, 제가 영어를 좀 좋아해요."

밝은 표정으로 말하는 태규를 보고, 상처가 있을 거라고는 생각도 못했다. 그러다가 국어 시간에 '가장 큰 마음의 상처'를 주제로 시를 쓰는데 이 시를 쓴 것이다. 아무리 그래도 좀 심하다 싶기도 하고, 태규가 이후에 학교생활을 어찌했을까 궁금했다. 나중에 태규랑 태규 엄마와 이야기를 나눠보니 그 상처로 인해 몇 년 동안 마음의 고통이 심했고, 치료도 여러 날 받았다고 한다. 누구나 세상을 살면서 상처를 안고 살아가기는 하지만 어린 시절에 받은 상처는 좀처럼 잊히지 않을 텐데……. 태규 마음의 상처를 더 어루만져주고, 보듬어주고 싶었다. 그때 받았던 상처와 속상하고 답답했던 마음이 다 가시지 않겠지만 태규에게 큰 소리로 욕도 하고, 많이 속상했노라고, 선생님이 그렇게 한 것을 용서할 수 없었다고 말해보라고 했다.

어른들은 욕심으로 아이를 대하는 경우가 많다. 그래서 내 아이가 이 정도는 되어야 한다는 나름의 규정을 가지고 그 규정에 미치지 못하면 아이에게 화를 내고 어른의 요구에 맞추려 한다. 아이들은 그런 과정에서 상처를 받거나 삐뚤어지고 반항하게 된다. 참 다행스러운 것은 상처를 받거나 어려움을 겪으면서도 글쓰기, 운동, 음악, 미술 등 자기가 좋아하는 것에 몰두하거나 새로운 것을 찾아 삶을 가꾸어가면서 상처를 스스로 이겨내는 아이들이 많다는 것이다.

짜증 나는 우리 선생님
황태상 (동향초 4학년)

짜증 나는 우리 선생님
모든 게 지 맘이다.
체육 시간에 시험 보고
장난쳐도 화내고
다 지 마음대로 한다.
그래서 우리 선생님은 짜증 난다.
나이만 똑같다면
선생님 앞에서 욕하고 싶다.

시 한 편마다 사연이 없는 시가 없지만, 이 시도 나와 사연이 참 깊은 시다. 1999년 진안군 동향면에 초임으로 발령받고, 4년 차 때 만났던 아이들이 썼던 시다. 지금 생각해보면 아이들을 때리기도 하고, 아이들을 존중하는 마음이 부족한 철부지 선생이었다.

아이들이 이런 시를 쓴 것을 보고도 마음이 편했다면 거짓말일 것이다. 하지만 선생을 하는 과정에서 이 시는 늘 나를 깨우는 시이다. 지금 생각하면 두고두고 귀한 시이자 아이들이 "너 똑바로 안 해?" 하고 나에게 보내는 경고장이기도 하다.

경험이 부족해서인지 학기 말이면 늘 주지 교과 진도가 늦었다. 그러면 시간표를 내 마음대로 바꿔서 예체능 교과는 빼고 주지 교과로 바꾸어 진도를 나갔다. 아이들은 "샘, 체육 안 해요?", "샘, 미술은요?" 하는데 아이들 마음은 살피지도 않았다. 또 내가 기분이 나쁘면 아이들에게 화를 내거나 내 감정을 조절하지 못하는 경우가 많았다. 특히 아이들이 잘못했을 때는 너그럽지 못하면서 내 잘못에 대해서는 너그러웠다. 이런 내 모습을 바라보는 아이들은 어땠을까.

선생님

박인경 (동향초 4학년)

우리 선생님은 진짜 짜증 난다.
매일 영어 시험 보고, 맨날 수학하고,
정말 짜증 난다.
체육도 많이 빼고,
일주일에 세 번 있는 체육은
한 번밖에 못한다.
그 한 번은 양호 수업이다.
선생님을 다른 선생님으로 바꾸고 싶다.
체육은 많이 하고,
수학은 적게 하고,
영어 시험은 가끔 보게 하는 선생님으로.

한 아이만 나에게 경고장을 보낸 것은 아니다. 인경이도 나에게 경고장을 보냈다.
"매일 영어 시험을 보지 마라."
"맨날 수학 공부만 하지 마라."
"체육 시간을 빼먹지 마라."

"선생님을 다른 선생님으로 바꿔라." 하고 말이다.

학교
박인선 (동향초 4학년)

요즘 학교 가기가 괴롭다.
일찍 일어나기도 힘들고
자리도 남자 사이에 끼고
짝꿍도 변태 같고,
학교는 왜 있을까?
꼭 공부만 배우려고 있는 걸까?
학교 생각만 하면 머리가
지끈지끈 아프다.
귀신이 와서 누르나?
학교 가기가 무섭다.
안 다니면 아빠랑 엄마가
감옥 간다니 안 갈수도 없고,
슬프다.

인선이는 '학교는 왜 있을까?' 하고 경고장을 보냈다. 엄청난 경고장이다. 학교에 가기가 무섭단다. 학교가 없어지면 내가 존재해야 하는 까닭도 없어진다. 그렇다고 아이들에게 "그냥 다녀." 하거나, 배움이 귀했던 옛날 어른들의 시선으로 "학교 다니는 것만도 고맙게 생각해야지."라며 우격다짐으로 말할 수도 없는 노릇이다.

어른들도 직장이 재미없거나 가기 싫으면 괴로운 것처럼 아이들도 마찬가지다. 학교가 가기 싫고, 재미가 없으면 하루하루가 얼마나 괴로울까.

학교가 아이들에게 새로운 깨달음과 배움, 나눔, 배려 따위의 소중한 가치를 배우면서 재미도 있다면 금상첨화다. 하지만 무엇보다 학교에 가는 발걸음이 가볍고, 친구들과 선생님을 보고 싶어 하는 마음이 있다면 자연스럽게 소중한 가치도 함께 배우고 익힐 수 있지 않을까.

중학생
류진 (진안중앙초 6학년)

우리 아빠는 맨날
중학생, 중학생 한다.
"중학생 되면 어떻게 하려고 그래?"
공부, 공부, 공부
그딴 공부
개나 쥐버렸으면 좋겠다. (2012. 4. 18)

지금 힘들고, 불행하고, 행복하지 않은 아이가 미래에 행복할 수 있을까?

"다 너를 위해서 그러지. 내가 잘 되려고 그러니? 네가 행복하길 바라는 마음으로 이러는 거지."

어른들이 아이들에게 자주 하는 이 말은 듣는 사람에게는 참 거슬린다.

정말 지금 힘든 걸 참고, 불행을 참으면 미래에 행복할 수 있을까? 그렇다 하더라도 지금 하기 싫은 일을 억지로 강요하는 것이 큰 의미가 있을까?

진이가 지금 행복할 수 있도록 도와주면 좋겠다. 지금 이 순간순간을 행복으로 느끼며 지냈으면 좋겠다. 유치원 때는 유치원 때에 맞게, 초등학생 때는 초등학생 때에 맞게 즐겁게 지내도록 도와주고 싶다. 때가 되면 아이의 성향과 관심에 맞는 무언가를 시작하지 않을까? 그럴 수 있도록 돕는 것이 우리 어른들의 몫일 테니까.

짜증 나는 아빠
이수아 (장승초 6학년)

우리 아빠는
매일 무슨 일이 나면
엄마 탓만 한다.
엄마 아빠 둘 다
회사가 늦게 끝나서
우리가 밥을 늦게 먹으면
매일 엄마 탓만 한다.
엄마가 늦게 와서
밥을 해줘도
아빠는 대충 차렸다고
김만 먹는다.

이 세상에
반찬 타령하는
어른이 어디 있나?
정말 아빠는 짜증 난다. (2012. 4. 18)

　엄마와 아빠가 싸우는 장면은 아이들이 제일 싫어하는 장면일 것
이다. 나도 그랬지만 부모님이 싸울 때는 두렵기도 하고, 어디론가 숨
고 싶었다. 힘없는 아이들은 두려움에 떨기만 할뿐 아무것도 할 수
가 없기 때문이다.
　집에서 엄마의 일은 말할 수 없을 만큼 많다. 똑같이 직장에 다니
면서도 집안일은 엄마의 몫이다. 보통의 아빠들은 설거지, 청소, 빨
래, 밥하는 것을 자신이 도와준다고 생각한다. 그러나 아빠들은 도
와주는 게 아니라 함께하는 거라고 생각해야 한다. 부모가 서로 가
사노동을 평등하게 나누려는 가정에서 자란 아이와 오로지 엄마가
모든 가사노동을 전담하는 가정에서 자란 아이가 어떻게 같을 수 있
겠나.

개자식
민진홍 (송풍초 5학년)

밤에 엄마 심부름을 가는데
학교 쪽에서 어떤 검은색
좋은 차가 찻길로 가는
얼룩진 강아지를

못 보고 쳤다.

나도 모르게 소리를

지를 뻔했다.

그 아저씨는 차에서 내려

"에잇 씨발 퉤!"

하며 침을 뱉고 갔다.

'저런 개자식 짐승보다 못한 놈.'

나는 밤이라 개를 묻어주지도 못하고

그냥 왔다.

강아지가 죽은 것을 보고도

안 묻어 준 내가 더 나쁜 놈같이

느껴진다. (2007. 4. 8)

진홍이가 살던 진안군 용담면은 사람 수가 천 명도 되지 않는 아주 작은 면이다. 더군다나 벽지 학교여서 전교생이 스무 명 남짓 되는 작은 학교다. 학교 둘레에는 그 흔한 미용실, 문구점, 통닭집, 피자집도 없고, 작은 구멍가게만 있다. 시골의 밤은 더욱 어둡다. 아이들이 밤길을 걷기에는 조금 위험하다. 인도가 따로 있는 것이 아니라 2차선 차도를 걸어야 한다. 인적이 드문 시골길을 차들이 쌩쌩 달린다. 심부름 가는 그날도 차들이 쌩쌩 달렸을 것이다. 가는 길에 개가 차에 치이고 진홍이는 묻어주지 못하고 왔다.

다음 날, 진홍이는 아침 일찍 개가 죽은 곳에 갔지만 개는 없고 핏자국만 남아 있었다고 했다. 어른들은 그냥 지나쳤을 텐데 진홍이는 묻어주지 못한 자신을 질책한다. 자신이 잘못한 것도 없는데 죽은 생명을 보고도 그냥 지나친 자신을 먼저 돌아보는 게 아이들 마음이다. 아이들은 어른들처럼 자신의 이익을 먼저 취하기 위해 욕심을 내지 않는다. 오히려 귀한 것이 있으면 나누려고 하고, 아파하는 생명이 있으면 도와주려 한다.

킹콩, 제 머리 어때요?
배소영 (장승초 3학년)

킹콩, 제 머리 어때요?
킹콩, 제 머리 예뻐요?
킹콩, 아니면 귀여워요?
킹콩, 아니면 귀엽지도 않고
안 예뻐요?
킹콩, 말해조요. (2014. 6. 23)
＊말해조요 : 말해줘요

월요일 아침이었다. 학교 오는 길에 단발로 머리를 자른 소영이가 아이들 사이로 보였다. "소영이 머리 이쁘네?" 하고 말을 해줬어야 하는데, 아이들 사이에 있어서 말을 못하고 교실에 들어왔다. 교실에 들어와서라도 바로 했어야는데 말할 기회를 놓치고 말았다.
소영이가 글쓰기 공책을 내민다. 나 좀 바라봐달라고 말이다. '아뿔싸. 소영아, 미안해.'
누구든 알아봐주면 좋아하는 것을 알면서도 그게 어렵다. 새 신을 샀으면 새 신이 잘 어울린다고, 새 옷을 입었으면 새 옷이 참 예쁘다고, 밥 먹을 때 가리지 않고 잘 먹으면 잘 먹는다고, 자기 마음에 들지 않는 상황인데도 양보를 잘하면 참 잘한다고 그냥 알아봐주면 된다. 아이들 옆에 살며시 다가가 아이가 하는 행동이나 모습에 관심을 가져주는 것이다. 아이마다 관심을 두고, 오랫동안 바라봐주면서 "그래, 그것 참 잘했네." 하고 인정해주면 된다. 인정받는 기쁨. 나도 받아봐서 안다. 인정은 아이들의 자존감을 높인다.

똑같아 똑같아
윤일호

너희들 육 학년 정도 되면
뭔가 달라야 하는 거 아니야?
내년에 중학생인데
맨날 하는 짓 보면
동생들이랑
똑같아 똑같아

그럼 선생님은요,
그 정도 경력이면
들어주고 더 이해해주고
뭔가 달라야 하는 거 아니에요?
맨날 하는 말씀이
다른 어른들하고
똑같아요, 똑같아

6학년 선생을 자주 하다 보니 나에게 병이 하나 생겼다. 입버릇처럼 하는 말이 그렇다. 그날도 6학년 아이들에게 주저리주저리 잔소리 하고 있었다.

"야, 너들 6학년인데 이 정도밖에 못해? 내년에 중학생이잖아. 어떻게 동생들하고 하는 짓이 똑같아?"

아이들 모습을 보고 짜증스러운 말투로 말했다. 아이들은 말 한마디 못하고, 나도 말을 멈추었다. 교실에 정적이 흐르고, 한참이 흘렀을까? 공부 시간이 끝나는 종이 울렸다. 화장실에 가는 아이들도 있고, 다락에 올라가 노는 아이들도 있다. 조금 시간이 지났을까? 다락에서 소곤대는 아이들 목소리가 들렸다.

"지는, 지는 경력도 많으면서. 후배 샘들하고 뭐가 달라? 그 정도 경력이면 뭔가 달라야 하는 거 아녀? 맨날 하는 말이 다른 어른들하고 똑같아."

숨을 죽이고 듣다보니 내 흉이다. 아이들이 말하는 것이 내 모습이었다. 어른들과는 다른 선생을 기대했을 텐데, 아이들 생각엔 나도 그저 똑같은 어른 중 하나일 뿐이었다.

아이들이 순간순간 보내는 경고장이 언제 어디서 나올지 모른다. 아이들이 경고장을 보냈을 때 그냥 지나치지 말고 '오호, 나에게 이런 좋은 공부거리가.' 하고 알아봐주는 어른이면 더욱 좋겠다. 아이들에게 조금만 더 다가가면 공부거리가 넘쳐난다. 귀를 쫑긋 세우고 더 들어주고, 더 살펴야겠다.

엄마가 된 것 같다

엄마, 생각만 해도 가슴이 따스해지는 존재다. 누구나 엄마가 있어서 든든했고, 늘 무엇이든 말할 수 있는 믿을 구석이었을 것이다. 엄마가 잠깐 집을 비우고 없어도 아이들은 왠지 허전해한다.

엄마가 없는 날이면 싱크대에 그릇들이 쌓여가고, 거실에는 장난감들이 어지럽게 널려 있으며, '엄마'라는 존재에 대해 생각하게 된다. 이러한 것을 잘 표현하는 그림책 『돼지책』을 보면 엄마의 존재감이 얼마나 대단한지 새삼 느낀다.

슬픈 이야기, 감추고 싶은 상처, 억울하고 마음 답답한 이야기를 다른 사람에게 풀어내는 것은 쉽지 않다. 풀어낸 글을 한사코 다른 아이들에게 읽어주는 것을 거부한 아이도 있지만 글로 정직하게 쓴 것만으로도 참 고맙다. 아무리 큰 상처라도 말이든 글이든 누군가에게 풀고 나면 원망했던 마음이 조금 사그라지고, 이야기했던 사람과 더 가까워지고, 마음도 전보다 후련해진 느낌이 든다.

글쓰기를 하면서 마음 아픈 아이들의 글이 많았지만 현아 이야기는 아이들이 쓴 글 가운데에서도 특히 더 그랬다. 작은 학교여서 아이들 형편을 어느 정도 알고 있었지만 어린 나이에 현아가 어떤 어려움을 겪었고, 어떻게 지내왔는지 자세히 알지는 못했다. 그런데 나를 드러내는 글쓰기를 할 때 이 글을 쓴 것이다.

돌아가신 엄마
손현아 (장승초 6학년)

내가 여덟 살 때 갑자기 엄마가 아파서 병원에 갔다 왔는데 유방암이란다. 그날 저녁 엄마랑 나는 엄청 울었던 것 같다. 아니 내가 우니까 엄마도 울었던 것 같다. 아직 어린 나이에 암이란 게, 유방암이란 게 뭔지도 모르지만 그냥 암 덩어리가 생기면 아프다는 거, 고생한다는 거, 죽는다는 거……. 그건 알고 있었다. 내 친구 엄마는 "○○가 그때 일로 너무 철이 들었어. 아직도 내 딸은 떼쓰는데."

거의 매일 울었던 것 같다. 엄마가 전보다 훨씬 많이 아팠을 때 입 안 전체가 헐어서 말도 못했다. 집에 돌아오면 엄마는 방 안에서 자고 있었지만 엄마가 내 눈에 안 보이면 눈물이 그렁그렁 맺혔다.

내가 삼 학년 때 엄마가 돌아가셨다. 눈물이 마르도록 울었다. 영안실에서 엄마를 잠깐 보고 관에 넣는 걸 보지 못했다. 마지막 가는 모습을 보고 싶었지만 몸이 거부했다. 차라리 그리워했으면 그리워했지 관에 넣는 모습은 보고 싶지 않았다. 그래도 난 그날 이후로 크게 운적은 없다. 엄마가 돌아가셨는데도 너무 웃고 밝아서 나랑 아는 언니는 "어떻게 엄마가 돌아가신 애가 이렇게 밝을 수 있지? 내가 아는 애는 아빠가 돌아가셨는데 그전과 달리 엄청 어두워졌어."

물론 나도 안 좋긴 하지만 참는 거다. 엄마 돌아가셨으니까 일부러 밝게 자라야 걱정을 안 하지. 또 어떨 땐 엄마가 너무 원망스러울 때가 있다. 친구네가 어디 학부모 총회에 갔을 때 다른 애들 엄마는 다 애들 응석 받아주고 챙기고 하는데 나는 그러지 못하니까 친구네 엄마가 챙겨주시긴 하지만 엄마의 빈자리가 너무 커서 집에 오면 밖에서 울기도 했다. 또 너무 심했을 땐 아는 ○○ 선생님한테 나 일 년만 데리고 있으면 안 되냐고 했던 적도 있다. 가끔씩 우울해져서 울면서 아는 사람한테 전화하면 제일 듣기 싫은 말이 "○○랑 집이 가까우면 찾아갈 텐데." 이 말이 제일 싫었다. 하지만 지금은 엄마 이야기를 꺼냈을 때 감싸주는 친구들이 있어 만족한다. 그래도 엄마 돌아가신 건 웃으면서 넘길 수 없는 게 좀 아쉽지만. (2012. 3. 28)

현아 말로는 엄마가 돌아가신 후 슬픔을 감추려고 일부러 사람들이 있는 곳에서는 울지 않았다고 했다. 그만큼 속 깊고 착한 아이다. 엄마가 돌아가시고, 현아와 오빠는 장승학교 둘레에 계신 할아버지 집에 살게 되었다. 현아는 4학년 때까지 같은 반 친구가 한 명밖에 없어 늘 외로움에 혼자 울고는 했단다. 학교가 폐교될 위기였고 전교생이 13명밖에 되지 않았으니 외로움이 더 컸으리라.

그러다가 2011년부터 장승학교 학생이 늘어나면서 현아가 5학년 때 10명의 동무가 전학을 와서 12명이 되었다. 다행히 외로운 현아에게 전학 온 동무들은 좋은 말벗이 되어주었다. 현아도 많은 동무가 생기니 표정도 더 밝아지고 동무들과도 사이좋게 잘 지냈다.

6학년 여름방학 때, 현아의 할아버지가 갑자기 아프셨다. 할아버지가 계실 때도 설거지, 빨래, 청소를 할 정도로 야무졌지만 할아버지가 병원에 입원하시고 집에 계시지 않으니 집안일을 더 야무지게 잘했다.

엄마

손현아 (장승초 6학년)

할아버지가 없는 지금
이따금씩 이런 생각을 한다.
'아, 밥도 없네. 밥 해야겠다.
오늘 저녁은 뭐 먹지?'
이런 생각을 하면 난
엄마가 된 것 같다. (2012. 8. 27)

  여름방학이 끝나 갈 무렵, 현아가 일기장에 쓴 시다. 현아의 처지
를 모르고 이 시를 보면 그냥 '좀 안 됐네.' 했겠지만, 현아의 처지를
알고 이 시를 읽으면 가슴이 아려온다. 저녁밥 걱정하고, 반찬 걱정
하는 현아의 모습이 떠올라 가슴이 먹먹하고, 한참 동안 나도 모르
게 울고 말았다. 어른이 되어서, 엄마가 되어서 해야 할 걱정을 초등
학교 6학년 아이가 하고 있다고 생각하니 마음이 아팠다. 겨울쯤, 할
아버지는 병환으로 돌아가셨다. 현아는 장승학교를 졸업하고 아버지
가 계신 익산으로 오빠와 함께 갔다.
  지금도 현아를 생각하면 더 잘해주지 못한 것이 미안하고, 가슴
아프기도 하다. 그나마 다행스러운 것은 그때 좋은 친구들이 생겨서
지금도 관계가 이어지고, 서로 연락도 주고받으며 의지할 수 있다는
것이다. 만만하지 않겠지만 속 깊고 마음이 큰 현아가 굳세고 힘차게
세상을 헤쳐나가리라 믿는다.

메뚜기 엄마

이산하 (장승초 6학년)

엄마는 정규직이 아닌 비정규직
기간제 교사이다.
그래서 여기저기 면접 보러 다니고
이리저리 옮겨 다니신다.
그런 엄마가 너무 불쌍하다.
집에 와서 애쓰고
제일 늦게 주무시고
제일 일찍 일어나신다.
힘들게 학교에 다니면서
장애아들이 하는 거
다 받아주고
집에 와서는 힘들게 집안일 하고
메뚜기처럼 학교 옮겨 다니는 것도
쉽지 않은데
우리 엄마가 불쌍하고
자랑스럽다. (2016. 3. 9)

산하는 세 자매 가운데 막내다. 수아가 큰언니고, 주하가 둘째 언
니다. 공교롭게 세 아이 모두 내가 6학년 담임을 맡았다. 수아는 벌
써 고등학생이 되었고, 주하는 중학교 1학년이다. 세 아이 모두 마음
이 맑은 아이들이었다. 수아는 수아대로 매력이 있고, 지난해 만났

던 주하는 그 나름으로 참 괜찮은 아이였다. 지금 만나는 산하는 몸은 작고 여리지만 마음이 참 큰 아이다.

6학년이 되고, 부모 이야기를 쓰는데 산하가 처음으로 엄마에 대한 시를 썼다. 다른 아이들은 한참을 생각하고 '나의 책'에 시를 쓰려고 하는데 산하는 금세 다 쓰고 나에게 다가와 "킹콩 쌤, 애들한테 읽어주지 마요." 한다. 산하 책을 펴서 읽어보니 산하가 생각하는 엄마의 삶이 고스란히 담겨 있다.

"산하야, 시가 참 좋네. 우리는 한 식구잖아. 이렇게 귀한 시는 함께 나누는 게 좋을 것 같아. 응?"

한참을 생각하던 산하는 아무 말없이 나를 보고 고개를 끄덕였다.

산하 엄마는 상담을 전공한 선생님이다. 푸근한 웃음이 보는 사람을 편안하게 하는 매력을 가진 분이다. 그래서 세 자매가 엄마의 푸근함으로 잘 자랐겠지. 정규직이 아니고 기간제 교사다 보니 여러 학교를 옮겨 다니는 엄마의 모습이 산하의 시선으로 봐도 마음이 아팠구나 싶다. 그런데도 여러 가지 일로 애쓰고, 부지런하고, 받아주는 엄마가 산하에게는 참 자랑스러운 엄마였다. 부모가 고생하면서 아이들을 키워도 부모의 고생을 모르는 아이들이 있는가 하면, 부모가 사는 삶을 있는 그대로 알아주고 고마워하는 아이들도 있다. 후자의 부모들은 아이들이 얼마나 예쁠까? 아이에게 부모가 자랑스러울 수 있다면 이만 한 행복이 어디 있을까.

'산하야, 킹콩이 보기에도 엄마는 자랑스러운 분이셔. 그래서 엄마는 꿋꿋하게 어떤 어려움도 잘 헤쳐나가실 거야. 우리도 엄마를 응원하자.'

엄마가 보고 싶다
이가현 (장승초 2학년)

반짝 반짝 반딧불이
반딧불이를 보니 달빛처럼
빛나는 것 같은 엄마의
미소가 보고 싶구나.
엄마의 미소. (2013. 9. 13)

가현이 시를 보는데 나도 엄마가 보고 싶어진다. 나이가 많은 사람에게도 적은 사람에게도 엄마는 엄마일 뿐이다. 늘 어디에 있든 엄마는 자식들에게 반딧불이처럼 빛나는 분이다. 환하게 웃는 모습이 예쁜 분이다. 세상의 모든 엄마는 다 그렇게 자식들에게 힘이 되어 주는 분이기도 하다.
'아, 정말 엄마가 보고 싶구나.'

엄마
김연 (진안중앙초 6학년)

내가 아프면
걱정하며 하는 말
"너 대신 엄마가 아팠으면 좋겠다."
그럴 땐 나도 모르게
가슴이 뭉클해진다. (2009. 3. 15)

자식이 아프면 엄마는 아이와 아픔을 함께한다. 차라리 내가 아픈 게 낫다고 말하기도 한다. 아픈 아이가 잠을 못 이루면 아이를 살피느라 엄마도 잠을 못 자고, 아이가 고통스러워할 때는 아이와 똑같은 고통을 느낀다. 물론 기쁠 때도 옆에 있지만 그럴 때는 엄마가 살짝 뒤로 물러서서 아이가 더욱 빛나도록 엄마의 존재를 내려놓는다. 이렇게 세상의 엄마들은 자식을 위해서라면 엄마의 삶을 기꺼이 희생하고 있다.

할아버지
박상현 (송풍초 4학년)

할아버지가 편찮으시다.
새벽에 일어나셔서
농약을 달라고 하셨다.
백 살까지 사셔야지
왜 그런 말을 할까?
타임머신을 만들어 미래에 가서
만병통치약을 만들어
할아버지를 고쳐주고 싶지만
그럴 수도 없고,
할아버지가
오래 사셔야 할 텐데. (2004. 4)

상현이는 도시에서 풍요롭게 살다가 아버지가 사업에 실패하면서 동생과 시골로 오게 되었다. 새벽부터 밤늦게까지 일하는 할머니는 손자를 살필 겨를이 없다. 상현이는 2학년 때부터 할아버지, 할머니와 살았다는데 공부도 제법 잘하고, 착하며, 성격이 밝은 아이였다. 할아버지는 조금 엄한 분이셔서 상현이는 저녁 무렵까지 학교 주변을 맴돌다가 할아버지 식사를 차려 드릴 때쯤 집에 가곤 했다. 그런데 4월부터인가 할아버지가 아프기 시작했다. 상현이는 할아버지를 어려워했지만 편찮으시다고 하니 할아버지 걱정이 많았다.

상현이 어머니는 가끔 학교로 전화했다. 상현이 안부를 묻고 자주 오지 못하는 것에 대해 아이한테 늘 미안해하셨다. 그러던 어느 날 상현이 어머니가 학교에 상현이를 찾아오셨다.

엄마 만난 날
박상현 (송풍초 4학년)

엄마가 오셨다.
외숙모가 돌아가셔서
송풍리에 묻어주고
학교에서 엄마를 만났다.
푸른동산에서 밥을 먹을 때
엄마가 샌들과 옷을 주었다.
엄마와 잘 줄 알고
하고 싶은 얘기도 많이 못 했는데
외숙모 제사 때문에 빨리 간다고 했다.

엄마가 빨리 간다고 하니
후회가 되었다.
엄마가 보고 싶다. (2004. 6)

외숙모가 돌아가셔서 어머니가 오셨다. 상현이는 무척 반가워했다.
공부하다 말고 어머니와 함께 상현이를 보내면서 "상현아, 오늘 맛있
는 것 많이 먹고 학교에 내일 와도 된다." 그런데 오후 두 시쯤 어머
니와 함께 학교에 왔다. 어머니는 내내 "죄송합니다. 죄송합니다." 하
며 미안해하셨다. 상현이 얼굴을 보니 여간 서운한 게 아니었다.

할아버지 병세는 더욱 나빠져 여름방학 무렵에 병원을 가보니 결핵
이었다. 할아버지는 입원하셨고 병시중해야 하는 할머니도 일을 그
만두고 병원에서 사셨다. 상현이와 아직 어린 동생이 문제였다. 결국
상현이는 수원에 사는 아버지한테 갔다. 여름방학 중에 전화를 해보
니 상현이 목소리가 밝고 생기 있었다.

2학기가 시작되고 얼마 지나지 않아 상현이가 전학 간다고 했다.
할아버지 병 치료가 오래 걸려 더는 할아버지, 할머니가 상현이를 돌
볼 수 없었다. 할아버지가 편찮으신 것은 참 안된 일이지만 상현이가
아버지와 함께 살게 된 것은 정말 잘 된 일이었다. 결국 상현이는 수
원으로 전학 갔고, 우리 반은 일곱에서 여섯이 되었다.

선생님께

선생님 안녕하세요? 저 상현이에요. 선생님 저를 항상 이뻐해 주시고 공
부도 잘 가르쳐 주셨잖아요? 감사합니다. 저 인제 아빠랑 같이 살아요.
그리고 선생님과 함께 만든 문집을 보면서 재미있게 웃어요. (……) 늦

은 얘기지만 크리스마스 축하 드리고, 새해 복 많이 받으세요. 답장 꼭
써 주세요.

– 박상현 올림 (2005. 1. 26)

'잘 지내고 있겠지.' 하고 생각만 하던 상현이한테 편지가 왔다. 할
아버지 병세도 많이 좋아지셨다고 했다. 상현이가 잘 지내고 있는지
많이 궁금했던 터라 정말 반가운 편지였다. 전학 간 상현이 생각을
하면 점점 깊어만 가는 농촌 교육의 그늘을 보는 것 같아 마음이 아
프다.

엄마

최유진 (장승초 3학년)

1학년 때 엄마가
차 타고 일하러 갔는데
엄마가 오지 않았다.
1년 넘었는데
엄마가 안 와서
슬프고
울음이 나올 뻔했다.
엄마가 올 때까지
할머니 집에서 살기로
아빠가 말했다. (2014. 3. 12)

시골에는 유난히 할머니, 할아버지와 사는 아이들이 많다. 여러 이유로 도시에서 살던 부모님과 헤어져 시골에 오게 된 것이다. 아이들에게는 엄마의 손길이 많이 필요하다. 물론 할아버지와 할머니의 사랑과 정성으로 유진이가 잘 자라고 있기는 하지만 초등학교에서 아이들을 만나다 보면 엄마와 함께 살고 있으면서도 엄마의 손길이 아쉬울 때가 있다.

엄마
우성헌 (진안중앙초 6학년)

나는 엄마가 잔소리하는 것이 싫다.
맨날 7시도 안 됐는데
일어나라 하고
맨날 학원 가라 하고
평일에 절대 못 하는 컴퓨터를
주말에도 한 시간밖에 못 한다.
조금만 잘 못해도 화내고
어제는 문턱에 걸려 넘어져
컵을 깼는데 막 혼낸다.
난 엄마가 안 그랬으면 좋겠다. (2009. 3. 12)

법륜 스님은 『엄마 수업』에서 갓 태어난 아이에게 어린 시절 엄마는 신이나 다름없고, 그 시절 엄마가 없는 것은 아이에게 치명적이므로 적어도 3년간 갓난아이를 돌볼 생각이 없다면 자식을 낳지 말라고 했다. 그리고 자식이 어릴 때는 품 안에 안아주는 게 사랑이고, 사춘기 때는 지켜봐주는 게 사랑이며, 스무 살이 넘으면 냉정하게 정을 끊어 홀로 설 수 있게 해주는 게 사랑이라고 했다. 품으로 안아주고, 지켜봐주며 냉정하게 끊을 때는 끊을 수 있는 엄마의 역할은 엄마가 아니고는 누구도 대신해줄 수 없다.

스트레스가 많은 아이를 보면 주로 엄마가 잔소리를 하는 경우가 많다. 엄마가 아이의 꼴을 있는 그대로 지켜봐준다는 것이 쉽지는 않지만 아이들이 제법 컸을 때는 하고 싶은 말도 꾹 참아줘야 한다. 잘못한 것을 지적하고, 충고한다고 해서 아이가 마음으로 인정하고 고치는 것은 아니다.

엄마
민진홍 (송풍초 5학년)

엄마가 술을 많이 드시고
밤늦게 토를 하신다.
"우웩웩." 소리가
계속 들린다.
술을 얼마나 드셨으면 저럴까?
밤새 토만 하시다 주무신다.
양만큼만 먹지. (2007. 9. 18)

아이들이 보는 어른들 모습 가운데 마음에 들지 않는 것이 아마도 술 문화가 아닐까 싶다. 물론 나도 술을 많이 마시는 편이라 나부터 술 문화에 대해 깊이 고민해봐야겠단 생각이 든다. 아버지가 술 드시는 모습을 그렇게 싫어했는데, 술을 좋아하는 지금의 내 모습을 보면 섬뜩할 때가 있다. 적당히 마시고 좋은 모습을 보이면 좋은데 술이 지나치면 꼭 실수하기에 그렇다. 진홍이 말처럼 양만큼만 먹으면 좋을 텐데 어른들은 꼭 지나치게 마신다.

엄마와 공부
김유진 (진안중앙초 6학년)

엄마는 왜 그럴까?
나는 엄마보다 집에 빨리 오기 때문에
오후 8시 전까지 조용하다.
그 뒤로 엄마가 오면
"공부!" 소리만 한다.
공부 때문에 엄마랑 싸우고, 혼나고
엄마는 계속 한숨만 쉰다. (2009. 6. 16)

부모가 가장 많이 하는 잔소리는 공부일 듯싶다. 공부 얘기만 하지 않아도 아이와 관계가 훨씬 좋을 텐데 늘 기·승·전·공부다. 공부 때문에 스트레스받고 부모와의 관계도 나빠진다. 공부 때문에 삐뚤어지고 자존감도 낮아진다.

부모가 아이를 바라보는 시선을 바꾸었으면 좋겠다. 솔직히 아이가 공부를 못 하는 것이 모두 아이의 책임이라고 할 수 있나. 가정에서, 학교에서 지내는 모든 것이 그 아이를 만든다. 그렇게 따지면 선

생도, 부모도 자유로울 수 없다. 아이가 공부 못 하는 것만 지적할
것이 아니라 아이가 잘하는 것을 칭찬하고 용기를 주면 좋겠다.

걱정
윤일호

선생님이 내주신 숙제
- 부모님 이름 한자로 써 오기

아버지 이름은 김충원(金忠原)
어머니 이름은 빌마 실바

아버지 이름은 적을 수 있겠는데
어머니 이름을 적을 수 없다.

우리 엄마 고향은 필리핀
영철이 엄마 고향은 캄보디아
한결이 엄마 고향은 베트남

영철이도 한결이도
오늘 밤
같은 걱정을 하겠지?

다문화라는 이름으로 대한민국에 사는 사람들이 참 많다. 무진장

(무주, 진안, 장수) 지역은 유난히 더 많다. 무진장 지역의 작은 학교에 가면 다문화 가족이 전교생의 $\frac{1}{3}$이 넘는 학교가 여럿 있다. 말과 글이 다른 생소한 문화에 적응하며 살아가는 그들을 보면 다문화라는 이름으로 구분하지 않고, 있는 그대로 인정하고 함께하는 마음이 필요하다는 생각이 든다. 엄마들 사이에서도 토박이와 귀농·귀촌자, 다문화로 구분이 되다 보니 학교에 오면 엄마들은 엄마들대로 나누고, 아이들은 아이들대로 따로 떼어 생각하는 것을 자주 본다. 그래서 그런지 존중하고, 살피고, 배려하는 느낌보다는 구분 짓고 나누는 느낌이 들 때가 있다. 다름을 티 내지 않고, 행정이든, 학교든, 언론이든, 방송이든, 한 사람으로 봐주며 모두가 함께했으면 좋겠다.

아빠 없이 쓸쓸하게 족발을 먹었다

아이들에게 '아빠'는 엄마와는 또 다른 존재이다. 엄마는 언제 어느 때라도 기댈 수 있는 사람이기도 하고, 어떨 때는 아주 작은 것까지 잔소리하는 사람이기도 하다. 하지만 아빠는 엄마가 잔소리할 때 한편이 되는 사람이기도 하고, 마음 놓고 장난칠 수 있는 사람이며, 든든한 기둥같이 언제나 듬직한 사람이기도 하다. 하지만 어떤 아빠는 술 때문에 식구들 마음을 불편하게 하고, 식구들에게 상처를 주기도 한다.

새 학년이 되고 3월에 아이들을 만나면 같이 지낼 아이들에 대해 알고 싶어진다. 무엇을 좋아하는지, 학교생활은 어떤지, 다른 아이들과는 어떻게 지내는지 궁금해서 아이들을 살살 꼬드긴다. 그래서 국어 시간에 글쓰기를 하거나 또래 관계성 조사를 하고, 학교생활을 유심히 살피기도 한다.

몇 주 동안, 아이들 탐색이 끝나면 아이 둘레가 궁금해진다. 아이와 가장 가까운 부모님은 어떤 분일지, 식구들과 어떻게 지내고 있을까. 그래서 식구 이야기로 글쓰기를 하기도 하고, 식구 이야기가 나온 책을 우리 반 모두 함께 읽고, 자연스럽게 아빠나 엄마 이야기를 꺼내기도 한다. 어떤 때는 음악 시간과 묶어 부모님에 대한 노래를 배우기도 한다. 그렇게 조금씩 풀어가다 보면 어느 순간 아이들은 제법 꺼내기 어려운 이야기도 풀어낸다.

무난한 가정에서 별 어려움 없이 자란 아이처럼 보이지만 알고보면 누구나 다 그 나름의 이야기가 있다. 아이들마다 처지가 다르고, 가정 형편이 다른 그 속에서 저마다의 삶을 살아가고 있는 것이다. 우리 아이들에게 비친 아버지는 어떤 모습일지 궁금해졌다.

— 우리 아빠는 바쁘다.
— 나랑 바둑을 잘 둬주고, 어색하지만 대화하는 사람이다.
— 때마다 다르지만 사줄 건 제대로 사주는 사람이다.
— 잘 안 놀아주는 사람이다.
— 내 얘기를 잘 들어주고 신나게 해주는 사람이다.
— 맛있는 것을 많이 주는 사람이다.
— 화를 잘 낸다.
— 나에게 우상이다.
— 놀아주고 맛있는 거 사주는 사람이다.
— 잘 해주는 사람이다.
— 술을 많이 마신다.
— 늦게 들어온다.
— 힘들게 일하는 사람이다.

좋은 아빠들만 있을 것 같지만 잘 안 놀아주는 아빠도 있고, 아이들과 어색한 아빠도 있다. 아이들 눈은 거짓 없이 참 또렷하다. 있는

그대로 볼 줄 안다. 부모들을 바라보는 시선도 그렇다. 아빠들은 세
상살이에 지치고, 힘들게 살다보면 가끔 아이들이 어떻게 살고 있는
지 몇 학년, 몇 살인지도 잊고 지낼 때가 있다. 그런데도 아이들은 아
빠 걱정을 하고, 아빠를 생각한다.

우리 아빠
김동완 (장승초 6학년)

우리 아빠는
항상 늦게 들어온다.
집에 들어와서는
밥을 먹는데
밥을 먹을 때마다
조금밖에 안 드신다.
그런 우리 아빠가
아침 일찍 일어나
회사에 간다.
늦게 들어오는 아빠가
빨리 들어오면 좋겠다. (2016. 4. 28.)

우리 아빠

이나영 (장승초 6학년)

밤마다 출근하시는 우리 아빠
아침 9시가 되면 눈이 빨개져 오는 우리 아빠
그 눈을 볼 때마다
나는 빨리 어른이 되어서
아빠를 도와줘야지 생각한다.
허리 아프고 다리 아프고 눈도 아프고
그걸 보는 나는 눈물이 난다. (2016. 4. 22)

어릴 때부터 부모에게 따스한 사랑을 받고 자란 아이는 커서도 시선이 따스하고 자아 존중감이 높다. 자녀가 잘 자라게 하는 부모의 사랑은 뿌리처럼 귀한 것이다. 그런데 간혹 부모의 부재나 바쁜 일상으로 사랑을 받지 못해 슬픈 장면을 보고도 슬퍼할 줄 모르고, 기쁜 장면에도 기뻐할 줄 모르며, 화가 나는 장면인데도 화를 낼 줄 모르는 아이들을 볼 때가 있다. 요즘 말로 공감 능력이 떨어지는 아이들이다. 어울려 살아가는 세상에서 함께 슬퍼하고 기뻐하면서 마음을 나누지 못한다면 얼마나 딱딱하고 건조한가.

또 다른 경우는 부모는 열심히 고생하면서 아이를 남부럽지 않도록 키우려고 하는데, 아이는 고마움은커녕 부모에게 함부로 대하고 기본 예의조차 없는 아이들이 있다. 단순히 철이 없는 수준을 넘어서 그렇게 키우는 것이 오히려 화를 자초하는 건 아닌지 걱정스러울 때가 있다. 슬프지만 현실은 언론이나 방송에 나오는 이야기처럼 부모가 자식을 죽이고, 자식이 부모를 죽이는 그 험악한 세상에 살고 있기도 하다. 그런데도 희망을 버릴 수 없는 것은 우리가 만나는 희망, 바로 아이들이 있기 때문이다.

족발 먹은 날
허순호 (송풍초 5학년)

엄마가 병원에 있는 아빠한테
배고프냐고 전화했다.
아빠는 배고픈데
안 먹는다고 했다.
엄마는 아빠가 걱정스러운지
밤에 금산으로 족발을 사러 갔다.
엄마가 입원실로 가서
족발을 먹으라고 했다.
아빠는 엄마 마음을 모르는지
"머하러 사와~." 하며 가라고 했다.
엄마가 집으로 가면서 나보고
"순호야, 커서 결혼하면 아빠처럼 각시한테 그러지 마."
집에 와서 아빠 없이 쓸쓸하게
족발을 먹었다. (2008. 6. 19)

다정다감하고 상냥한 아버지도 있지만 무뚝뚝하고 마음의 말을 잘 못 하는 아버지도 있다. 마음은 그렇지 않은데 정작 고된 삶에 지치고 힘들어 그런 경우도 있다. "결혼하면 우리처럼 싸우지 마.", "결혼하면 자식들한테 잘해줘라." 하는 말들이 그냥 하는 말이 아니라 늘 아쉬웠던 부모의 삶을 자식에게 대물림해주고 싶지 않은 모든 부모의 마음이 아닐까 싶다. 순호 아버지도 참 좋은 분이고, 마음은 그렇지 않은데 표현 방식이 서툴러서 그랬겠지 싶다.

어린 시절, 나도 부모님이 싸우는 모습을 자주 보고 자랐다. 그럴 때마다 '나는 우리 아버지처럼 살지 않을 거야.' 하는 마음이 많았다. 그렇다고 부모님을 원망하거나 부끄럽게 여긴 것은 아니다. 자식을 위해 희생하며 사신 부모님을 마음으로 늘 응원하고 사랑했지만 표현 방식이 언제나 아쉬웠다. '나는 부모가 되면 표현하면서 살아야지.' 하고 수없이 마음을 다졌지만 아직도 잘 안 된다.

오해 안 하고, 동생들 안 때리고, 엄마랑 잘 안 싸우고, 술 잘 안 먹고, 식구들이랑 자주 놀러 다니는 아빠였으면 좋겠어요. (윤민)

아이 넷 가운데 둘째인 딸 민이는 나를 이렇게 보고 있었다. 민이에게 좋은 아빠가 되지 못해 미안하기도 하고, 반성이 되기도 한다. 일부러라도 민이에게 다가가서 더 다정하게 말도 들어주고, 더 많이 웃어주고 해야 하는데 쉽지 않다. 가끔 주말에는 가고 싶은 곳으로 놀러가자고 해야겠다. 위로 오빠, 아래로 남동생 둘이 있어서 위아래로 남자들에게 치이다보니 아마도 스트레스가 많을 것이다. 거기다 아빠가 술을 좋아하는 것도 거슬리겠지 싶다. 하기야 나도 아버지가 술 드시는 걸 어린 시절 참 싫어했다.

우리 아빠

오지훈 (장승초 6학년)

우리 아빠는 술을 좋아하신다.

술을 먹으면 다음 날엔

일을 쉬는 날이 많다.

가끔씩 아빠가 엄마를 때린다.

그때마다 엄마는

"이런 꼴 보기 싫으니깐 집 나가버려!"

아빠는 그때마다 나한테

"아빠 죽을 거야." 한다.

그때마다 나는 걱정된다. (2011. 3)

지훈이는 6학년 때 전학 왔다. 한 해밖에 겪지 못했지만 마음이 여린 아이였다. 특히 부모님 걱정을 많이 했다. 술을 많이 드시는 아버지 걱정, 동생 셋에 자기까지. 온 식구 챙기느라 힘드신 엄마 걱정도 많았다.

지금도 지훈이 집에 가정방문을 갔을 때가 생각난다. 지훈이 아버지는 주무시고 계셨다. 어머니와 한 시간 정도 이야기를 나누다 나왔다. 아버지와 이야기를 나누고 싶었는데 이야기 한마디 제대로 못했다. 그 후로 전화 통화를 두 번 정도 하고 그것이 마지막이었다.

술

방현국 (송풍초 3학년)

기쁜 일이 있거나
슬픈 일이 있으면
아빠는 술을 드신다.
술만 드시고 나면 자꾸만
죽고 싶다고 하신다.
저번에는
아빠 지갑을 우리에게
던져주면서
"일단 이걸로 버텨." 하고
차를 끌고 나가셨다.
아빠가 술을 드실 때
술이 없어졌으면 좋겠다. (2006. 4. 10)

　현국이네 식구들은 용담댐이 생기면서 수몰된 용담면 소재지에 살다가 소재지가 송풍리로 옮기면서 이사했다. 그렇지만 용담에서 아주 오랫동안 살아온 토박이다. 아내 고향이 진안군 용담면인데, 장모님과도 서로 알고 지낼 정도로 가까운 분들이다.
　위로 누나가 셋이 있고 늦둥이 현국이가 막내였다. 막내아들 하나였으니 얼마나 귀하게 컸을지 알 만하다. 어떤 때는 장난기가 아주 심하고 철이 없다가도 또 어떤 때는 제법 철든 소리도 하는 개구쟁이였다.

현국이 아버지는 사람 좋기로 유명하고 술을 참 좋아하는 분이셨다. 가끔 늦은 시간에 술을 드시고 내가 사는 학교 관사로 오고는 했다. 현국이 생각에 아빠가 얼마나 많이 드시면 술이 없어졌으면 좋겠다고 했을까. 나도 어렸을 때 아버지가 술을 많이 드시면 세상에 있는 술 공장을 다 없애겠다고 했었다. 술을 먹더라도 적당히 마시고, 안 좋은 일보다는 기쁜 일로 마시면 좋을 텐데 참 쉽지 않다.

아빠

최정현 (장승초 3학년)

아빠는 맨날
하우스에 가서 일을 하신다.
아빠가 하우스에서 손이 다쳐
아빠가 집에 와서 내가 약을 발라줬다.
아빠가 하우스에 가서 약을 다 뿌리면
저녁이 되어서
아빠가 힘들겠다고 생각이 든다.
맨날 맨날 하우스에 간다.
저녁에도 아빠가
하우스에 가서 문을 닫으러 간다.
그래서 아빠가 힘들다.
하우스가 두 개가 있어서 힘들다. (2014. 10. 13)

정현이는 또래 아이들보다 키가 조금 작은 아이다. 새까만 얼굴에 동그랗고 큰 눈이 참 귀엽다. 정현이 부모님은 본래 장승학교 둘레가 고향인데 젊은 시절 도시로 나갔다가 다시 귀농하셨다. 농사를 새로 시작해서 기반을 잡기가 만만치 않았을 텐데 워낙 부지런하니 일찍 자리를 잡은 편이었다. 지금은 하우스도 있고, 농사도 제법 많이 짓는데 정현이가 보기에 늘 농사일로 바쁜 부모님이 안쓰러웠나 보다. 정현이는 아버지와 친구처럼 가깝게 지내는데 아버지가 다쳐 약도 발라주고, 아빠가 일이 많아서 힘들겠다는 생각도 한다.

힘드신 아빠
김연우 (동향초 6학년)

내가 학교에 가는 동안
아빠는 현장에 가시지.

내가 공부를 하는 동안
아빠는 일을 하시지.

내가 급식을 먹는 동안
아빠는 새참을 드시지.

아빠는 힘드시겠다.
매일매일 일하고
매일매일 못 쉬셔서.

나는 매일 편한데

아빠 매일 힘드시지. (2002. 11)

초임으로 동향학교에 발령받고 동향에서 4년 차 때, 3학년 담임을
맡았다. 아이들이 16명이었는데 남녀 가리지 않고, 서로 어울려 잘
놀아 기억에 남는 아이들이었다. 연우도 그 가운데 한 아이였다.

연우 식구들은 서울에서 살다가 귀농했는데, 나에게 특별한 인연
이었다. 연우 어머님은 학년 초에 학교에 오셔서 3학년 아이들에게
주마다 한 번씩 그림책을 읽어주고 싶다고 선뜻 제안했다. 그리고 한
해 동안 아무리 바쁜 농사철에도 한 번도 빠지지 않고 와서 아이들
에게 그림책을 읽어주셨다. 덕분에 그림책에 대해 전혀 문외한이었던
나도 공부가 되었고, 책 읽어준 이야기도 글로 남겨서 함께 나눌 수
있었다.

학급문집도 우연한 기회에 내게 되었는데, 연우 어머님의 권유가
컸다. 글쓰기 지도도 그때부터 시작했다. 그 덕에 학급문집을 내기
시작했고, 지금까지 해마다 학급문집을 내고 있으니 내게는 교직 선
배들보다 더 은인이다. 연우 아버님은 귀농해서 유기농 농사를 지었
는데 농사에 대한 좋을 이야기를 많이 해주셨다. 그 덕에 학교를 옮
기고 나서도 아이들과 농사짓는 경험을 꾸준히 할 수 있었다. 좋은
인연으로 만나 많이 배우고 성장할 수 있었으니 그보다 귀한 인연이
있을까.

사실 시골에서 농사짓고 사는 것이 대농이 아닌 이상 농사만으로
아이를 키우고 살기는 힘든 세상이다. 물론 연우 아버님도 여러 가지
일을 했으니 어린 연우가 보기에 아버지가 애쓰시는 모습이 마음에

남겠다 싶다.

연우는 똑소리 나는 아이였다. 말수는 적지만 조곤조곤 작은 목소리로 할 말은 다 했고, 하고자 하는 일은 꾸준히 잘했다. 지금 생각해보면 연우는 부지런하고 가치 있는 삶을 살아가고자 노력하는 부모님을 고스란히 닮았다는 생각도 든다.

아빠의 기술

이다섭 (장승초 6학년)

아빠랑 같이 놀다가

아빠가 갑자기

싸움 기술을 알려주신다.

그러고는 아빠가

"아빠는 아빠보다 더 큰 사람도 이겼어."

이러신다.

내가 "왜?"

하고 물으니 아빠가

"약한 사람을 괴롭혀서."

이러신다.

정의의 사도처럼

말하는 아빠를

난 믿는다. (2015. 6. 5)

글쓰기 시간에 다섭이가 금세 시를 한 편 썼다. "킹콩, 다 썼어요."
하며 글쓰기 공책을 내고 들어가면서 싱글싱글 웃는다. '어? 무슨 웃
음이지?' 장난기 가득한 얼굴이다. 개구쟁이인 다섭이가 재미난 쓸거
리를 발견했구나 생각하며 금세 시를 읽었다. 역시나 재미있다. 아빠
를 정의의 사도처럼 믿다니. 아들 앞에서 싸움의 기술을 가르쳐주는
다섭이 아버지도 참 멋지다. 다섭이 아버지는 장승학교로 와서 알게
된 동무인데 편하게 지내며, 생각을 함께 나눌 수 있어서 참 좋다.

검은 봉지
권민찬 (장승초 6학년)

우리 아빠는 올 때
검은 비닐봉지를 들고 온다.
"아빠, 이게 뭐야?" 물어보면
아빠는 "한 번 봐 봐." 하신다.
보면 어쩔 땐 저녁 반찬
어쩔 땐 간식
우리 아빠 손에 있는 비닐봉지는
나를 참 설레게 만든다. (2016. 4. 28)

아이들에게 아버지 하면 가장 먼저 어떤 기억을 떠올릴까. 누군가
는 자신과 놀아주었던 때가 가장 행복한 기억이라고 하는데 나는 아
버지와 놀았던 기억이 거의 없다.
우리 반 아이들에게 난 아버지는 아니지만 놀았던 기억을 많이 주

고 싶다. 주로 6학년 담임을 많이 하는 편인데 아이들을 졸업시키고 나면 주로 놀았던 기억을 떠올린다. 냇가에 놀러 가서 온종일 놀았던 일, 학교에서 1박 2일 놀았던 일, 우리가 세운 계획으로 졸업여행 갔던 일들이 그렇다. 교실에서 배우고 깨치는 것도 크지만 놀면서 깨치고 배우는 것도 참 크다.

민찬이 아버지처럼 집에 들어갈 때는 일부러라도 빈손으로 들어가지 않으면 좋겠다. 아버지가 들어오는 모습이 아이들을 설레게 할 수 있다면 꾸준히 해볼 만한 가치가 있는 게 아닌가. 억지로라도 가끔씩 우리 반 아버지들에게 일부러 시간을 내어 오롯이 아이와 함께 노는 시간을 가지도록 미션을 주어야겠다는 생각을 한다. 물론 나도 그렇다.

아빠 얼굴
천민조 (장승초 6학년)

장마가 와서
비가 엄청 왔다.
밑에 다리는 흘러넘치고
동생이 만든 돌탑은
무너져 내렸다.
잔디밭에는
강아지 똥
고양이 똥이 녹아
끔찍하고

뒷밭에는 내가 꺾어 놓은
나뭇가지들이
다 흩어져버렸다.
그리고
하우스에 물이 찰까 걱정하는
우리 아빠 얼굴이
많이 어둡다. (2011. 7. 11)

민조는 2011년 장승학교에서 만난 아이다. 안타까웠던 것은 민조
네 반은 초등학교 입학부터 5학년 때까지 남자아이만 넷이었다고 한
다. 5년을 남자아이들 넷이 한 반에서 지냈다고 생각하니 남자 중·
고등학교도 아니고 군대도 아닌데 안쓰럽기도 하고 쓴웃음이 나오기
도 했다. 그나마 민조가 6학년 때 남학생 한 명과 여학생 세 명이 전
학을 와서 안타까움은 면할 수 있었다. 어찌 보면 학생 수가 계속 줄
고 있는 시골 학교의 현주소가 아닐까.

민조 아버님은 장승 둘레 서판마을이 고향인 토박이다. 농사에 뜻
을 두고 일본 유학까지 다녀왔고 농학 박사학위를 받아 지역에 귀농
했다. 새싹 채소를 꾸준히 연구하고 키워서 지금은 지역에서 농업이
살아남기 위해 어떤 노력을 해야 하는지 좋은 본보기가 되고 있다.
민조는 아버지를 닮아서인지 자기가 좋아하는 일에 뜻을 세우고 끝
까지 노력하는 아이다. 특히 열차를 좋아했는데 열차 이름만 대면
보지도 않고 사진처럼 그릴 수 있을 정도다. 민조는 늘 아버지가 새
싹 채소 키우는 것을 자랑스러워했다. 물론 아버지를 존경하는 마음
도 컸다. 날씨는 농부들에게 가장 큰 영향을 준다. 특히 장마철은 더

욱 그렇다. 2011년에도 장마철에 비가 참 많이 왔다. 아버지 얼굴에
걱정이 가득하면 온 식구가 걱정이 가득할 수밖에 없다.

아버지와 자전거
윤일호

진안 읍내 5일장
아버지는 십 리 길을 자전거로 가신다.

잘 말린 고추 스무 근
뒤칸에 싣고,
힘껏 발을 굴러 장에 가신다.

차가 있는데도
자전거만 타는 아버지를
마을 어른들은 고집불통이라며
한마디씩 하신다.

아버지는
기름 한 방울 안 나는 나라에서
왜 차만 타야 하느냐며
편하려는 생각이 문제라 하신다.

시끌벅적

장날 고추 시장

아버지도
자전거도
제자리를 지키고 있다.

아버지에 대한 애틋한 기억은 내가 쓰는 시에도 고스란히 담긴다.
어린 시절 시골에서 아버지가 태워주었던 자전거의 추억은 지금도
또렷하게 남아 있다. 시골에서 농사를 지었던 아버지는 내 기억에 농
사를 즐겁게 하셨던 분은 아니었다. 아버지가 하고 싶었던 일은 따로
있었다는 것을 커서야 알게 되었다. 내가 하고 싶은 일을 하고 산다
는 게 어떤 뜻인지 나도 커서 아버지가 되어 느낀다. 그래서 나는 아
이들에게 늘 이렇게 이야기한다.
　"정말 너희들이 좋아하는 일을 평생 하면서 돈을 벌고 식구들과
행복하게 살았으면 좋겠어."

공부 안 하면 서울역 가요

아침 활동으로 주마다 이틀 정도는 보이차를 마셨다. 찻잔을 책상 위에 두고 천천히 마시면서 잔잔히 클래식을 듣는다. 음악과 함께 차를 마시고 학급문고에서 고른 책을 읽기도 한다. 이렇게 분위기를 만들어주면 '책 읽는데 건들지 마!' 하고 말하듯 집중해서 책을 읽는다. 나는 방해되지 않게 물을 끓이고 차를 우려내어 보이차를 따라주는 일을 한다. 어느새 수업 시간이 되어 아이들에게 살며시 말을 건넸다.

"잠깐 여기 좀 볼래?"

열심히 책을 읽는 아이들을 방해하는 것 같아 아이들에게 미안한 마음이 앞섰다.

"그래도 잠깐만, 시간이 너무 많이 지나서. 여기 내가 들고 있는 책 혹시 알아?"

학년 초에 아이들을 만날 때마다 처음 보여주는 책, 바로 『끝없는 이야기』다. 십 년 넘게 내가 담임을 했던 아이들이 돌려서 읽었으니 꽤 역사가 깊은 책이다. 아이들은 두꺼운 책을 보자마자 "그건 어른들이나 보는 책이잖아요." 한다. 아이들이 보기에 동화책은 두껍지 않은 책이라고 생각했을 텐데, 700쪽 넘는 책이니 동화책처럼 보이지 않겠지. 아이들에게 이 책도 동화책이라고 하니 놀라는 눈치다.

"2004년 2월에 샀던 책인데 벌써 이렇게 낡았지? 많은 아이가 돌려가면서 봐서 그래. 킹콩이 용담학교에서 4학년을 맡았을 때 유미라는 아이가 있었는데 이 책을 소개하자마자 자기가 읽겠다고 해서 단숨에 읽은 책이야. 그것도 4학년 아이가 닷새 만에. 대단하지?"

"정말 그렇게 재미있어요?"

"그럼, 책은 두껍다고 재미없고 얇다고 재밌는 건 아니잖어. 어때 너희들도 도전해 볼래?" 하니 몇 아이가 손을 들었다.

책도 이렇게 동기부여를 하는 것이 중요하듯 '공부'도 그렇다. 아이들이 공부를 어떤 마음으로 여기고 있는지에 따라 흥미를 가지기도 하고 지겹게 생각하기도 한다. 빈칸 채우기로 공부에 대한 아이들 생각을 살펴보았다.

공부는 어려우니까 나를 짜증 나게 하는 것이다. _ 다정
공부는 배워야 하는 것이니까 배우는 것이다. _ 채인
공부는 많이 할수록 기회가 생기니까 기회이다. _ 산들
공부는 공부니까 공부다. _ 명선
공부는 학교에서 모르는 걸 배우니까 배우는 것이다. _ 현아
공부는 미래를 위해 공부해 나가는 과정이다. _ 도휘
공부는 내가 싫어하고 짜증 나니까 지겹고 재미없는 것이다. _ 태규
공부는 학교에서나 하는 거다. _ 정효
공부는 다섯 번째로 필요한 것이다. _ 형주
공부는 좋은 대학, 좋은 회사에 들어가기 위해 하는 것이다. _ 수아

공부는 반항해도 할 수밖에 없는 것이다. _하진

공부는 모르는 것을 배워 나가는 것이다. _승일

공부에 대한 아이들의 마음을 살펴보니 참 답답했다. 그러나 이
아이들이 공부에 지치지 않고 최대한 즐겁게 학교생활을 할 수 있도
록 돕는 것이 내 일이지 싶다.

공부는 학교에서나 하는 거라는 정효 말이 재밌기도 했지만 평소
정효가 공부를 어떻게 생각하고 있었는지 알 수 있어 마음이 좋지
않았다. 아이들에게 너무나 큰 짐이 되어버린 공부라는 괴물을 좀
더 작게, 친근하게 아이들에게 다가가게 할 수는 없을까 하는 과제가
나에게 주어졌다.

"공부를 안 하면 어떨까?" 물으니 도휘가 "공부를 중요시하는 세상
이기 때문에 무시당하지요." 했다. 덧붙여서 마음은 편한데 미래가
걱정된다고도 했다. 정효도 "공부를 안 해서 좋기는 한데 앞길이 막
막해요."라고 말하는 것을 보니 해야 한다는 생각은 있다. 아이들과
함께 말을 주고받다가 명선이가 서글픈 말을 한다.

"공부 안 하면 돈 없어서 서울역 가요."

공부 안 하면 돈이 없다니. 더군다나 서울역에 간다니. 꼭 공부
가 아니어도 세상을 살아가는 여러 가지 길이 있는데 명선이 생각에
공부를 안 하면 서울역에서 노숙자밖에 될 수 없는 세상이 되었구
나……. 자본주의 논리에 살아가는 우리 모습이 그대로 반영된 말이
었다.

다른 아이들도 대체로 공부를 안 하면 커서 좋은 직업을 얻을 수
없다거나 힘든 직업을 해서 좋지 않다고 생각했다. 분명 어른들 영

향이 컸지 싶다. 어른들이 입버릇처럼 하는 "어린 시절로 돌아가 공부 열심히 하고 싶다."거나 "너희들 공부 안 하면 커서 후회한다."라는 잔소리를 들었을 것이다. 슬프게도 아이들은 어른들을 통해 공부가 곧 돈이자 명예라고 배운다. 결국 어른들이 살아간 것처럼 자본주의의 논리와 학벌을 중시하는 사회에서 아이들도 버티며 살아가야 한다. '사람 되려면 좋은 대학에 가야 한다.'라는 말이 허투루 들리지 않는 사회 풍토가 슬프기만 하다. 아이들에게 학교에서 하는 공부 말고도 더 큰 공부가 있고, 아이마다의 빛깔에 맞게 충분히 자신이 하고 싶은 걸 하면서 행복하게 살 수 있다고 말하고 싶다. 그리고 그렇게 살아갈 수 있는 용기와 힘을 가진 어른으로 자랐으면 좋겠다.

공부
정재근 (진안중앙초 6학년)

난 공부가 싫다.
그 이유는 귀찮아서다.
공부를 하면
머리가 아파지고
화가 난다.
공부보다 차라리
시 쓰고 체험학습 하는 게
훨씬 낫다. (2009. 7. 14)

공부가 얼마나 싫으면 머리가 아프고 화가 날까? 재근이를 답답한 교실에 가둘 수밖에 없는 교육 현실이 안타깝다. 재근이는 유난히 공부를 싫어하는 아이였다. 화가 마음에 깊이 자리 잡은 아이처럼 보였다. 마음껏 뛰어놀고, 마음껏 하고 싶은 것을 하게 해주고 싶었다.

공부가 싫은 아이들과 그 아이들을 데리고 교실에서 씨름하는 선생의 모습은 우리나라 학교의 일상 풍경이다. 가만히 앉아 있지 못하는 아이는 문제아가 되고, 좀 더 심한 아이는 ADHD로 의심을 받고 병원 치료를 권유받는다. 재근이에게 자리에 앉아서만 하는 공부가 의미가 있을까. 오히려 밖으로 나가서 몸으로 겪는 공부가 재근이에게 필요한 것은 아닐까.

우리 사회 구조에서 뿌리 깊게 자리 잡은 학벌, 학연, 지연들이 더 좋은 대학, 더 높은 성적을 쫓게 한다. 이런 문화에서 부모들도 자유롭지 못하고 그 문화에 맞게 아이들을 짓누른다. 이런저런 생각을 하다가 도대체 '교육'이란 게 무엇일까를 생각하다 보면 자유로움과 기대보다는 답답하고 꼭 막힌 것 같은 느낌을 받는다.

타비
김민지 (진안중앙초 6학년)

우리 집 강아지 타비가 부럽다.
엄마가 밥 주면 먹고
내가 씻겨주면 씻고
마당 아무 데다 싸고
할머니가 풀어놓으면

자기 혼자 산책 가고
공부도 안 해도 되고
사람들이 다 해주니깐
정말 편할 것 같다. (2009. 9. 7)

민지는 아버지가 진안으로 직장을 옮기게 되어 부산에서 6학년 때
전학 온 아이다. 정겨운 부산 사투리에 표정이 밝고 서글서글한 인
상으로 오자마자 친구들 사이에 인기가 많았다. 진안으로 오기 전까
지 부산에서 학원을 제법 많이 다니고, 공부에 대한 스트레스도 많
은 편이었다. 도시보다야 덜하기는 하지만 진안 읍내 아이들도 학원
을 꽤 다닌다. '시골에서도 학원에 다니나?' 하고 생각하실 분이 있겠
지만 사교육만큼은 진안 읍내만 해도 도시와 크게 다르지 않다.

한 번쯤 그런 마음이 들 수도 있겠다 싶지만, 민지는 정말로 강아
지를 부러워하는 것 같았다. 강아지가 부럽다니. 공부가 아이들의
자존감을 낮추기까지 한다. 공부를 못하면 '못난 아이', '공부도 못하
는 아이', '부모가 사랑하지 않는 아이'로 자신을 규정할 테니까.

시험
김하겸 (송풍초 6학년)

시험이 십 일 정도 남았다.
벌써 걱정도 되고
긴장도 된다.
시험이 왜 있어서

힘들게 하는지.

난 시험 기간이 싫다.

정말 하루 종일 일하는 것보다

더 싫다. (2008. 10. 4)

나도 중학교 3학년 때, 시험에 얽힌 슬픈 기억이 있다. 어느 달인가 시험 성적이 크게 떨어졌다. 아버지가 엄한 분이라 혼날 것이 두려웠다. 역시나 아버지는 "이것도 성적이여?" 하며 성적표를 찢었다. 성적표에 부모님 도장을 받아 가야 했는데, 찢어버렸으니 집에서도 혼나고 학교에 가서도 혼날 것이 걱정되었다. 엄마가 갈기갈기 찢어진 성적표의 조각을 맞춰 투명 테이프로 덕지덕지 붙여주셨다.

다음 날, 그 성적표를 들고 학교에 갔다. 혼날까 봐 학교에 가는 발걸음이 무거웠다. 담임 선생에게 성적표를 냈는데 "윤일호, 이리 나와 이 새끼야." 하며 담임 선생이 싸대기를 두 대 때렸다. 얼마나 세게 맞았는지 귀가 울리고 별이 보일 정도였다. 코피도 뚝뚝 떨어졌다. 흐르는 코피를 막고 수돗가로 걸어가며 펑펑 울었다. 억울하기도 하고, 못난 내가 싫기도 했다. 나중에 학교에서 혼났다는 것을 안 어머니가 찢어진 성적표를 복사해서 주셨다. 30년이 지난 이야기지만 아직도 그때를 떠올리면 마음이 아프다. 아마도 그때부터 나는 시험에 대한 두려움과 정신적 충격이 생긴 것 같다. 시험 볼 때면 유난히 긴장을 많이 했고, 대학 시험도 세 번이나 떨어졌다.

이런 경험 때문인지 나는 아이들이 시험을 볼 때 어떤 마음일까 조금이나마 헤아릴 수 있다. 하겸이가 시험에 대해 느끼는 긴장감이 어떤 것인지도 잘 안다. 그래서 되도록 아이들이 시험을 볼 때면 편

안한 분위기에서 볼 수 있도록 도와주려고 한다. 또 단순히 외워서
푸는 문제가 아니라 아이들 생각을 쓸 수 있는 문제를 내기도 한다.
일자로 책상을 맞추고 경직된 분위기에서 시험을 보지 않고, 자유롭
게 앉고 싶은 곳에서 편안한 자세로 보도록 한다. 부모들 시선으로
는 아이들은 시험에 별 관심이 없고, 공부도 안 한다고 생각하지만
사실 시험에 대한 아이들의 스트레스는 누구보다도 크다. 과정도, 결
과도 아이들에게 큰 부담이다.

시험
김지원 (주천초 4학년)

시험지를 풀 때는
생각 안 나는 게
시험지를 거둘 때는
생각이 난다. (2011. 12. 6)

아이들과 시 쓰기를 하다 보면 시험에 관한 시가 유독 많다. 그만
큼 아이들 마음에 크게 다가오는 것이 시험일 것이다. 시험을 보다가
생각 나지 않아 고민하는 아이들을 많이 본다. 긴장을 많이 해서 그
렇다. 알던 답도 생각이 나지 않는다. 그렇다고 가르쳐줄 수도 없는
노릇이다. 고민을 거듭하다 시간이 끝나고 시험지를 걷고 나니 생각
이 났다. 지원이, 얼마나 속상했을까.

시험

허순호 (송풍초 3학년)

시험 시작하면 가슴이 두근두근
왜 시험 같은 게 있을까?
시간이 없어졌으면 좋겠다.
시간이 없어지면
시험 볼 시간도 없어질 테니까
선생님은 시험을
꼭 잘 안 봐도 된다고 하는데
우리 엄마는 혼낸다.
시험 못 볼 때
엄마가 사라졌으면 좋겠다. (2007. 4. 8)

시험 때문에 시간도 없어졌으면 좋겠고, 시험 때문에 엄마도 사라졌으면 좋겠다고 한다. 시험이 순호 마음을 혼란스럽게 한다. 답답한 마음을 이렇게 시로 표현이라도 하면 낫겠지만 표현하지 못하고 담아놓고만 살면 얼마나 힘들까?

시험 횟수가 예전보다 많이 줄어서 달마다 한 번씩 보던 것을 한 학기에 중간, 기말 두 번만 본다. 초등학교는 시험을 한 학기에 한 번만 보는 학교도 제법 있다. 뿐만 아니라 시험을 아예 보지 않는 학교도 점차 늘고 있다. 문제 풀이식 공부법에서 벗어나 아이들 생각을 자유롭게 표현할 수 있도록 돕는 학교도 늘고 있다. 물론 여전히 중·고등학교에서는 대학입시 위주의 공부법을 포기하지 못하고 있지만.

시험

신윤주 (진안중앙초 6학년)

시험지를 보면 한숨만 나온다.

휴우우~

외운 것도 생각이 안 나고

알고 있던 것도 생각이 안 난다.

머리는 온통 검정 줄로 쫙쫙 그셔진다.

시험 보는 일이 두려워진다. (2009. 5. 20)

*그셔진다 : 그어진다

시험 보는 날이 다가올수록 속이 안 좋다거나 머리가 아프다며 보건실을 찾는 아이들이 늘어난다. 가는 횟수도 평소보다 훨씬 많다. 특히 긴장을 많이 하는 아이들은 공부는 열심히 했는데 시험 보는 날에 생각이 하나도 안 난다고 한다. 공부를 잘하는 아이들은 잘하는 대로 스트레스를 받고, 공부를 못 하는 아이들도 그 나름으로 스트레스를 받는다.

시험

류진 (진안중앙초 6학년)

학교에서 시험을 쳤다.

시험 문제는 모르는 것투성이다.

머릿속에는 문제들이

막 뒤엉키는 것 같다.

국가에서 다 보는 거라 떨린다.

다음에 중간고사도 봐야 되는데

공부를 안 해서 걱정이다.

머리가 아파서

연필을 꼭 잡았다.

연필이 울고 있는 것 같다. (2009. 10. 15)

몇 해 전까지만 해도 초등학교 6학년도 국가에서 보는 시험을 치렀다. 선생도, 아이도, 부모도 엄청난 부담이었다. 전국에서 모두 다 보는 시험이고, 지역과 학교마다 성적이 알려졌다. 시험을 잘 못 본 학교는 따로 '부진아 구제'라는 명목으로 엄청난 예산을 학교에 주었다. 악순환이었다. 담임 선생은 아이들 학력 지도를 잘못한 선생이 되었고, 성적이 낮은 아이들은 부진아가 되었다. 진이 시에 고스란히 시험의 아픔이 녹아 있다. 국가시험이 끝나자마자 중간고사 걱정을 해야 하다니 얼마나 슬픈 현실인가.

수학 꿈

송채인 (장승초 6학년)

수학 숙제를 하다가

갑자기 귀찮아졌다.

세 문제 안 하고 잤는데

갑자기 꿈에서

귀신이 안 풀면
죽인다고 해서 무서웠다.
수학이 날
진짜 잡아먹으려고 한다.
갑자기 수학이 싫다.
진짜 '수학 귀신'이
출동한 것 같다.
다신 그런 꿈 안 꿀 거다. (2012. 5. 2)

경험해본 분들이라면 알겠지만 고등학교 수학 시간은 앞 두 줄 정도를 빼고는 대체로 잠을 자거나 다른 과목을 공부한다. 오죽하면 수포자(수학 포기자)라는 말도 생겼을까. 초등학교부터 수학을 어려워한 것이 수학 포기를 앞당기고, 중학교만 가도 포기한 아이들이 반정도가 된다고 한다. 아이들이 함께 배우기에 내용이 어렵다면 보편교육이 아니다. 그나마 시민운동으로 수학 교육 과정을 쉽게 하자는 여론이 있지만 교육 과정에 그 뜻이 반영되기는 요원하다.

수학
문다정 (송풍초 5학년)

난 수학이 싫다.
수학은 덧셈, 곱셈, 뺄셈, 나누기
수학이 싫다.
수학을 누가 만들었는지.

다른 애들은 잘 푸는데

나만 못 푼다.

수학이 없었으면 좋겠다. (2007. 6. 3)

계산 능력이 뛰어난 아이들 몇을 빼고는 대부분 수학을 어려워한
다. 수학 내용에서 사칙연산을 빼놓을 수 없다. 아주 단순하지만 일
일이 계산식으로 풀어야 하니 웬만한 끈기가 있는 아이가 아니라면
힘들어할 수밖에 없다. 어려운 교육 과정과 교과서가 있으니 내용을
쉽게 가르치는 건 선생의 몫이 되고 만다. 아이들이 이해를 잘 못 하
면 '내가 잘 못 가르치나?' 하는 생각이 들면서 아이들의 자존감은
물론 선생의 자존감까지 잃게 한다.

학

강예림 (장승초 6학년)

나는 늘

'학'이 들어가는

과목 시험을 보면

내 예상대로 못 본다.

이번 시험도

수학이랑 과학 때문에

망했다.

만든 사람한텐

미안하지만

특히
과학은 아예 없어졌으면
좋겠다. (2011. 12. 14)

　시험은 아이들의 배움을 왜곡시킨다. 사람은 평생을 살면서 공부
하고, 깨닫고, 배워야 하는 것이 정상인데 초등학교 때부터 시험에
지친 아이들은 배움에 대한 열정도 없고 공부에 대한 기대도 없다.
어렸을 때는 천천히, 가볍게 공부에 대한 발걸음을 떼야 정작 공부가
필요할 때 마음을 내고, 열정을 바쳐 할 수 있을 텐데 그렇지 못하고
시들하다.
　과목마다 특성이 있고 빛깔이 다르다. 아이들이 특정 과목을 공
부하고 재미있어하면 그 과목과 관련된 꿈을 키우기도 한다. 반대로
특정 과목을 재미없어하거나 시험을 못 보는 경험을 하게 되면 아예
마음을 닫기도 한다. 예림이는 공부를 제법 즐기는 아이였다. 그런데
과학이 아예 없어졌으면 좋겠다고 하니 선생으로 어떻게 과학을 재
미있게 도와주어야 할까 한참을 고민했던 기억이 있다.

영어
민진홍 (송풍초 6학년)

영어는 너무 어렵다.
베이비의 BABY는
'배비'인데 왜
가운데 '이'를 붙이는지

러브의 LOVE는
내가 알기로는
'로배' 같은데
'O'가 'ㅓ'발음이 나고
'E'는 'ㅡ'발음이 나는지
참 알다가도 모르겠다. (2007. 10. 20)

아이들이 영어에 대해 느끼는 스트레스도 수학 못지않다. 영어 사교육 열풍으로 대한민국이 몸살을 앓고 있고, 영어 공부에 들이는 비용 또한 어마어마하다. 사교육을 하고, 고등학교까지 많은 시간을 투자해서 영어 공부를 해도 영어로 유창하게 이야기할 수 있는 아이들은 많지 않다. 어디서부터 어떻게 영어에 대한 문제에 접근할지 난감하기도 하다.

영어를 처음 공부하기 시작하는 아이들이라면 진홍이 시를 보고 많이 공감했을 거다. 우리말처럼 있는 그대로 읽기만 하면 쉬울 텐데 영어는 단어에 따라 같은 알파벳이라도 때에 따라서 읽는 것이 다르다. 게다가 어떤 낱말은 소리가 나지 않는 것도 있으니 얼마나 어렵게 느껴질까. 정말 알다가도 모를 영어다.

아무리 그렇다고
윤일호

내가 시험 못 본 날
부모님 나란히 앉아

나를 혼낸다.

화가 난 어머니
무심코 하신 말

야,
너 그렇게 공부 안 할 거면
학교 가지 말고 농사나 지어.

이십 년째
농사밖에 모르는 아버지
뚱그런 눈으로 쳐다보더니

차라리 나를 혼내지 그려,
아무리 그렇다고.

무심코 던진 한마디에 상처를 받는다. 특히 시험을 못 봤을 때 부모님이 아이에게 툭 던지는 말이 그렇다.
"공부하기 싫으면 ○○나 해."
일에는 귀하고 천한 것이 없을 터이다. 그런데도 우리 문화에는 양복 입고 넥타이 차고 서류 다루는 일은 귀하게 생각하고, 노동이나 농사처럼 몸으로 하는 일은 낮게 생각하는 경향이 있다. 사회 분위기가 그러니 부모들 또한 자녀에게 몸으로 하는 직업을 권하지 않는다. 물론 부모 마음이야 자식이 힘든 일을 하는 것보다 좀 더 편안하게 살기를 바라는 마음이라는 건 이해하지만 어디 그런가?

앞으로 갈수록 몸으로 하는 일들이 더 귀하고 더 가치 있는 일이 될 것이다. 누군가는 몸을 움직여 일해야 하고, 그 일의 가치는 사람들이 하지 않으려고 할수록 귀하게 되겠지. 물론 농부도 지금보다 훨씬 귀한 대접을 받을 날이 머지 않았으리라. 작은 텃밭에다 채소를 키워 본 사람이라면 그 땀이 얼마나 귀하고 소중하다는 것을 알겠지. 그 흔한 고추 한 개, 상추 한 장도 그냥 자라는 법은 결코 없다. 학교 공부 말고도 더 귀한 몸 공부가 얼마나 많은데.

나무는 아슬아슬하게 버티고 서 있다

봄이 되면 장승학교 아이들은 달마다 한 번씩 둘레길 같은 진안의 고원길을 세 차례 걷는다. 그날도 진안 고원길 구간 가운데 하나인 진안군 주천면 중리길을 걷기 위해 주천면에 9시쯤 모였다. 아이들과 함께 산들산들 바람이 부는 한적한 길을 따라 걸었다. 도란도란 이야기도 주고받고, 장난도 치며, 길거리의 쓰레기를 주우며 걸었다. 길을 걷는 아이들은 봄꽃이 핀 길과 어울려 한 폭의 그림이 되었다.

한참을 걷다가 잠깐 쉬었는데, 한 아이가 열심히 쓰레기를 줍는 게 보였다. 그런데 다른 쓰레기는 다 줍는데 이상하게 과자 상자 하나만 줍지 않았다. 눈에 잘 띄는 상자였는데도 말이다. 궁금한 마음에 아이에게 물었다.

"쓰레기를 정말 열심히 줍네. 그런데 왜 저 상자는 줍지 않지?"

"저 상자는 개미들이 집으로 쓰고 있어요."

가서 보니 '정말 그렇구나. 다 까닭이 있었네.' 싶었다.

자연에서 자란 아이들은 작은 생명도 허투루 하지 않는다. 그리고 감각이 살아 있어서 그런지 자연의 소리를 잘 듣고, 잘 보기도 한다. 여러 가지 새와 풀벌레 소리를 들으면 다 비슷한 것 같은데 아이들은 쉽게 구별한다. 이 산 저 산으로 뛰어다녀서인지 건강한 편이어서 병원도 거의 가지 않는다. 조금은 위험해 보이는 산길도 풀숲을 헤치며 갈 수 있는 용기도 있다.

바람 소리
윤민 (장승초 6학년)

바람 소리가 들린다.
ㅎ ㅇ ㅇ ㅇ ㅇ ㅇ 쓰ㅇ
새소리도 들린다.
찌르르 삐요삐
소나무에 바람이 부딪혀
트르르륵 쓰륵륵
이불처럼 느낌이 포근하다.
기분이 점점 좋아진다. (2016. 5. 30)

봄에는 모든 생명이 꿈틀거린다. 우리 마음도 꿈틀거린다. 아이들과 꽃길을 걸어도 좋고 봄볕을 쬐어도 좋다. 숲으로 들어가 눈을 감고 살며시 자연의 소리를 듣고 있으면 자연과 하나 되는 기분이다. 감각이 무뎌진 아이들, 웬만한 반응에는 자극하지 않는 아이들에게 자연의 소리와 맛, 향기는 아이들의 잠자는 감각을 깨운다.

아이들과 함께 눈을 감고 바람 소리를 들어본 후 바로 들리는 대로 쓰라고 하면 아이마다 들리는 소리는 모두 다르다. 하지만 교과서로만 배운 아이들은 기껏 '살랑살랑'만 알 것이다. 새소리도 '짹짹'만

있는 게 아니고, 개구리 소리도 '개굴개굴'만 있는 게 아니다. 몸으로 직접 겪어보면, 어느새 자연의 소리를 저마다의 빛깔로 들을 수 있다.

싸리꽃
이산하 (장승초 6학년)

버스를 타고 가는데
도로 옆에 싸리꽃이
쭉~ 늘어져 있다.
마치 꽃다발같이 생겼다.
나는 꽃다발 같은 싸리꽃을
따 가고 싶었다.
싸리꽃은 언제 봐도 하얗게 빛난다. (2016. 4. 14)

나는 봄마다 싸리꽃이 떠오른다. 쌀밥이 닥지닥지 붙어 있는 것 같은 싸리꽃의 모양도 예쁘지만, 싸리꽃을 볼 때마다 옛 추억이 떠오르기 때문이다. 몇 해 전, 진안읍에 살 때였는데 키가 작고, 눈이 초롱초롱하며, 앞니가 빠진 1학년 아이가 "선생님~." 하고 해맑게 웃으며 나에게 싸리꽃을 건넸다. 정말 뜻밖이어서 놀라기도 하고, 제일 좋아하는 싸리꽃이어서 기쁘기도 했다. 그 아이는 지나는 길에 싸리꽃이 예쁘다며 꽃다발을 만들어 작은 손에 쥐고 나에게 온 것이다.

친구와 길 걷기
전소린 (송풍초 6학년)

길을 걷다보니 길가에
노란 은행잎이 떨어져 있다.
벌써 가을이 왔구나.
저기 논에는 벼가 노랗게 익어 고개를 숙이고 있다.
가을 햇볕은 너무 뜨거워 아직도 여름 같다.
언제쯤 서늘해질까?
용담은 공기가 맑아서 참 좋다.
나무와 꽃들도 많아서 좋다.
나비들도 날아다니고, 풀벌레 소리도 들린다.
봄이 된 지 얼마 안 된 것 같은데 벌써 가을이니
참 시간이 빠른 것 같다.
이제 곧 겨울도 오겠지? (2005. 9. 29)

학교 뒤편에는 야트막한 언덕이 있는데 그 언덕을 아이들과 주마다 한 번씩 걸었다. 봄에는 선선한 봄바람에 실려오는 꽃향기를 맡을 수 있고, 글쓰기 공책과 필기도구를 들고 언덕을 살필 수 있어 좋았다. 아이들은 언덕을 오를 때, 봄 산을 보고, 나비와 곤충에 관심을 두며, 새소리와 풀벌레 소리를 들으며 자연을 느꼈다. 해마다 여름에는 아이들이 사는 곳에서 가까운 운일암 반일암에서 아이들 모두가 1박 2일로 물놀이를 하곤 했다. 큰 바위가 많고, 물이 맑아서 여름이면 많은 사람으로 북적이는 곳이지만 우리 아이들이 놀기에는 몇 안 되는 안성맞춤인 곳이다. 낮에는 실컷 물놀이를 하면서 라면도 끓여 먹고, 저녁이 되면 텐트 안에서 옅은 불을 밝혀놓고 아이들과 진실놀이도 하고, 두런두런 이야기를 나누던 추억은 지금도 생생하기만 하다.

둘레를 둘러볼 여유가 없는 바쁜 세상, 친구와 걸으면서 노랗게 익어 가는 벼를 보고, 나비에게 눈길을 주고, 풀벌레 소리도 들을 수 있는 아이들 마음은 분명 여유롭게 자랄 것이다.

새집

강산들 (장승초 6학년)

벚나무 꼭대기에

새집이 하나 있는데

새가 하나도 없다.

다 이사를 갔는데

한 마리는

나무에 앉아 있다.

새의 모습이

고향을 떠나지 않는

옛날 사람들 같다. (2012. 11. 1)

가을이 물든 날, 공책과 연필을 들고 가을을 살피러 아이들과 밖으로 나갔다. 용마봉으로 가 나뭇잎을 밟으며 가을을 느끼기도 하고, 아이들마다 시선이 가는 곳에 마음을 주고 한참을 머물렀다.

산들이는 새집에 마음이 머물렀다. 한참 나무들을 바라보더니 "쌤, 신기하게 큰 나무마다 새집이 한두 개씩 다 있어요." 한다. 가만히 이 나무, 저 나무 쳐다보니 제법 큰 나무 위에는 새집이 거의 하나씩은 있었다. 그렇구나 싶었다. 산들이는 벚나무 새집을 한참 바라보더니 공책에 글을 쓰기 시작했다.

산들이가 사는 마령면 마을에도 혼자 사는 어른들이 많다. 산들이가 사는 마을뿐이 아니다. 내가 사는 우정마을도 이십 호 가운데 다섯 호는 혼자 사시는 어른들이다. 다른 새들은 다 떠나고 새집 옆 나무에 홀로 앉아 있는 새를 보고 고향을 떠나지 않는 옛날 사람들 같다고 표현했다. 더군다나 진안은 용담댐이 생기면서 많은 수몰민이 생겼고, 그 사람들은 결국 고향인 진안을 떠날 수밖에 없었다. 그래서 진안은 고향에 대한 향수가 더 큰 곳이기도 하다.

감 따기
문다정 (송풍초 6학년)

긴 장대를 들려니
손이 부들부들 떨린다.
혹시나 감이 떨어질까
조심조심
감이 물컹물컹해서
조금만 세게 잡아도
터질 것 같다. (2008. 11. 4)

장승학교 옆, 용마봉에는 감나무와 밤나무가 많아서 쉬는 시간이면 1~6학년 아이들로 북적인다. 감을 따는 아이들, 밤을 따고 줍는 아이들, 숲에서 뛰어노는 아이들이 참 많다. 그러다가 숲에서 저학년 아이들이 벌에 쏘이거나 다치는 일도 종종 있지만 아이들이 마음껏 자연과 뛰어놀 수 있고, 밤이나 감을 따는 경험을 할 수 있어 참 좋다.

용담에도 감이 참 흔했다. 둘레에 사는 아저씨께 말씀 드리니 감을 따도 좋다고 흔쾌히 허락하신다. 장대를 들고 우리 반 아이들 네 명과 함께 감을 땄다. 약간 덜 익은 홍시를 골라 장대로 살짝 친 다음 장대에 달린 주머니에 넣으면 성공이다. 아이들이 들기에는 장대가 길고 조금 무거워서 조절하기가 쉽지 않다. 감 따기에 성공하면 모두 입을 맞춘 듯 "성공!" 한다. 나도 아이들도 표정이 환해진다.

나무
이수아 (장승초 6학년)

태풍 볼라벤이 왔다.
볼라벤이 와서
하루 종일 집에만 있다.
창밖을 보니
나무가 꺾일 것만 같다.
나무는 아슬아슬하게
버티고 서 있다. (2012. 8. 30)

2003년에 태풍 '매미'가 한반도를 집어삼켰다. 나무와 가로등, 간판, 차는 물론 건물까지 물에 잠겼다. 당시 죽거나 실종된 사람이 132명, 이재민이 6만 1천 명, 재산 피해가 약 4조 7천억에 달했다고 하니 얼마나 무시무시한 태풍이었는지 짐작이 간다. 그 이후 두 번째로 강력한 태풍이 바로 2012년에 왔던 '볼라벤'이었다. 엄청난 양의 비는 물론 바람도 강력한 태풍이었다. 뿌리 깊은 나무가 쓰러지고, 간판이나 차들이 날아갈 정도였다. 이 때문에 장승학교는 물론 전국의 학교가 휴교했다. 수아도 그날 집에 있다가 창밖으로 바람에 꺾일 듯 보이는 나무를 보았는데 얼마나 안타까웠으면 아슬아슬하게 버티고 서 있다고 표현했을까.

태풍
송채인 (장승초 6학년)

볼라벤이 왔다.
우리는 별 피해가 없지만
TV와 인터넷에서 보니
물에 잠긴 지역도 있고,
컨테이너가 날아가
부딪혀 돌아가신 분도 있고,
지붕이 날아간 집도 있다.
난 자꾸 이런 상황이 일어나면
지구에게 미안해진다. (2012. 8. 30)

볼라벤이 아이들에게 준 영향은 상상 이상이었다. 특히, TV에서 뉴스 속보로 나오는 소식 가운데 아파트 경비를 하시던 분이 순찰하다가 날아오는 컨테이너에 깔려 돌아가셨다는 소식은 아이들에게 큰 충격을 주었다. 태풍이 지나가고 아이들과 태풍 이야기를 할 때 그 소식이 가장 마음 아팠다고 한다. 다시는 이런 일이 일어나지 않도록 철저히 대비해야 한다고도 했다.

"사람들이 환경을 지키지 않고, 함부로 하니 지구가 아파서 그러는 거죠."

"지구에 너무 함부로 해요."

"쓰레기를 줄여야겠어요."

생각을 나누면서 아이들은 서로의 생각에 공감했다. 지구를 대하는 인간들의 행태에 경종을 울리는 것이고, 이런 일이 일어날수록 지구에 미안해지니 쓰레기양 줄이기, 음식물 남기지 않기, 전기 아껴 쓰기 따위의 작은 것이라도 실천하자고 했다.

불공평한 하늘
전준형 (진안초 6학년)

아버지와 9시 뉴스를 볼 때
비가 와서 피해를 입은
농가들이 나왔다.
설거지를 하던 어머니가
"이놈의 비가 사람 잡네."
하지만 여기는 비가 많이 안 온다.

이러면 하늘은 불공평하다. (2006. 7. 25)

　이런 처지를 보고 "휴, 우리는 피해를 안 당해서 다행이네." 할 법
한데 피해를 입은 농가를 생각하는 마음이 참 대견하다. 강 건너 불
구경하듯 바라보지 않고, 마음으로 위로하고 내 처지에서 도울 수 있
는 게 무엇이 있을까 생각하는 노력이 진정한 위로일 것이다.
　시골에 살면 비 피해를 당하는 집들을 종종 본다. 비바람이 많이
불어서 대규모 비닐하우스가 찢어지거나, 벼가 쓰러지고, 많은 농작
물이 물에 잠기기도 한다. 지극정성으로 지은 일 년 농사를 자연재
해로 망쳤으니 그 마음을 머리로 이해한다는 것은 불가능하다. 결국
피해를 당한 농민들이 극단의 선택을 하기도 한다.

번개
김정환 (송풍초 6학년)

학교를 간다.
그런데 번개가 '우르르쾅쾅' 친다.
나는 '번개를 맞으면 어쩌지?' 하며 달렸다.
달리면서 옆집을 보니
불이 꺼졌다 켜졌다 한다.
번개가 심하게 칠수록 비가 심하게 온다.
나는 더 무서워서 더 빨리 달렸다.
번개 맞고 죽은 사람을 생각하니
더욱 더 무섭다. (2007. 4. 1)

새벽부터 비가 억세게 내리는 날이었다. 비가 많이 오니 날도 아주 어두웠다. 설상가상으로 밖에 나가기 두려울 정도로 천둥번개도 쳤다. 정환이 집에서 벚나무 길을 따라 학교까지 1킬로미터쯤 되니 10분은 넘게 걸어야 한다. 천둥과 번개가 치는 길을 우산을 들고 종종걸음으로 걷기도 하고 달리기도 하면서 흠뻑 젖은 채로 정환이가 학교에 왔다. 학교 차를 타고 오지 그랬느냐고 했더니 아침에 빨리 오고 싶은 마음에 그냥 왔단다. 오자마자 가방에서 글쓰기 공책을 꺼내더니 걸어온 이야기를 금세 시로 쓴 것이다.

반딧불이
양혁철 (장승초 3학년)

밥 먹으러 갈 때 본
반딧불이
환한 반딧불이
뒤에 있는 애들은
차를 타고 갔다.
애들은 치사하다고 하지만
나는 좋아
이렇게 멋진
반딧불이를 보는 게
처음 보는 반딧불이
또 볼 수 있을까? (2013. 9. 17)

4~6학년 아이들이 지리산 종주를 할 때, 1~3학년 아이들은 지리산 둘레길을 걸었다. 해마다 둘레길 코스를 다르게 해서 걷는데 그해는 4, 5코스 길이었다. 첫째 날, 금계를 출발해서 의중마을, 모전마을, 세동마을, 운서마을, 구시락재, 동강마을, 방곡마을까지 걷는 14킬로미터 길이었다.

　　날은 어두워지고 앞에서 걷는 아이들과 뒤에서 걷는 아이들과의 거리가 너무 벌어져 어쩔 수 없이 뒤에 처진 아이들은 숙소까지 차로 데려다주었다. 그런데 어중간하게 중간쯤 걷는 아이들은 그냥 걸어가야 하니 얼마나 불만이 많았을까. 그 불만을 단숨에 해결해준 것이 바로 반딧불이었다.

　　해가 어둑어둑해질 무렵, 터벅터벅 지친 발걸음을 내딛는 아이들 사이로 하나둘씩 신비한 불빛이 보이기 시작했다. 아이들은 너 나 할 것 없이 "와~." 하고 함성을 질렀다. 순간 힘들고 지쳤던 마음은 모두 사라졌다. "와~." 하고 터졌던 함성은 금세 적막이 느껴질 정도로 조용해졌다. 아이들은 발걸음을 멈추고 한참 동안 수십 마리의 반딧불이를 만났다. 난생처음 본 반딧불이의 신비함은 날이 점점 어두워지는데도 좀처럼 발걸음을 떼지 못하게 했다. 처음 보았던 반딧불이의 추억은 아이들 마음에 큰 별처럼 남아 있을 것이다.

눈

신건영 (주천초 3학년)

눈이 내리네
눈이 내리네

눈이 펑펑 내려서

그 눈에 파묻힐 것 같다. (2011. 12. 6)

무진장(무주, 진안, 장수) 지역은 강원도만큼이나 춥고 눈이 많이 내
리기로 유명한 곳이다. 4월 초까지 눈이 내리기도 하고, 이르면 10월
말이나 11월 초에 첫눈이 오기도 한다. 무진장 지역에 사는 분들에
게 눈 치우는 일은 일상 가운데 하나다.

어른들은 눈이 오면 출근길 걱정, 눈 치울 걱정부터 하지만 아이들
은 선생님, 아이들과 함께 눈싸움할 상상부터 한다. 눈이 제법 많이
내려서 수북이 쌓인 날이면 운동장에는 아이들로 가득하다. 눈사람
도 만들고, 눈싸움도 하고, 언덕배기에서 눈썰매도 탄다. 첫눈이 오
거나, 운동장에서 아이들이 충분히 놀 만큼 눈이 온 날은 시간표가
아무 의미가 없다.

맛있는 상상

윤일호

― 국수 한 그릇 안에 면발의 길이는 얼마일까요?

몇 그릇도 먹어 치울 수 있는

맛있는 국수 같은 문제가

시험 문제에 나온다면?

― 바구니 안에 사과 무게는 얼마일까요?

빨갛게 익은 달콤하고

맛있는 사과 같은 문제가
시험 문제에 나온다면?

국어, 수학이
국수라 생각하고
후루룩후루룩

사회, 과학이
사과라 생각하고
아삭아삭 아삭아삭

내가 좋아하는 국수와 사과
국. 수. 사. 과

이렇게라도 시험이
맛있을 수 있다면.

시골에서 자라는 아이들이 가진 좋은 점은 무엇일까. 아마도 자연이 아이들 곁에 늘 있는 것일 게다. 아침에는 산새 소리에 잠을 깨고, 낮에는 흙을 밟고 놀 수 있으며, 저녁에는 개구리 합창도 듣고, 검은 등뻐꾸기 소리도 종종 들을 수 있다. 맑은 공기와 물도 빼놓을 수 없다.
　공부와 학원, 시간에 쫓기는 도시 아이들에 견주어 공부가 조금 뒤처질 수도 있겠지만, 마음에 자연의 소리를 담는 시골 아이들은 좋은 느낌과 생각으로 자란다고 믿는다. 이 아이들은 학원도 가지 않고, 학교 공부 빼고는 따로 공부하지 않지만 공부도 언젠가 때가 되면 할 것이라 믿는다. 공부가 필요하다고 느낄 때면 충분히 공부할 힘이 있다고 믿는다.

나무가 아슬아슬하게 버티는 것을 마음으로 알 수 있고, 바람 소리도 들을 수 있으며, 싸리꽃이 빛나는 것도 알아챌 수 있으니 이 얼마나 아름다운가. 나무 위에 새집을 쳐다보고, 친구와 코스모스 길을 걷기도 하며 남의 일이라고 모르는 척하지 않는 이 아이들이 공부가 조금 뒤처진다고 뭐라고 할 사람이 누가 있겠나.

내 몸이 N극
강아지 몸이 S극

세상이 험악해서인지 동물을 잔인하게 대하는 동물 학대 범죄가 해마다 늘어나고 있다. 가정과 학교에서 생명 교육이 더욱 중시되어야 하는 것도 그래서다. 가능하면 동물을 키우면서 생명을 존중하는 마음을 키우고, 정성으로 길러보는 기회가 있으면 좋겠다. 형편상 가정에서 힘들다면 학교에서 아이들과 동물을 키워보는 것도 좋을 듯하다. 아이들과 학부모, 선생님들이 함께 이야기를 나누고 생각을 모아서 어떤 동물을 키울지 결정하고, 함께 키울 동물의 우리도 만들어보면서 동물에 대해 생각할 수 있으면 좋겠다. 정성으로 동물을 키워보는 과정을 겪는 것은 그 어떤 생명 존중 교육보다 귀하지 않을까.

경직되지 않은 부드럽고 말랑말랑한 분위기에서 자유로운 생각도 나올 수 있다. 학교에 가기 싫고, 답답하고, 불행한 느낌보다는 '아, 가고 싶다. 오늘은 어떤 일이 기다리고 있을까.' 하는 기대의 공간이었으면 좋겠다.

새로운 생각들이 존중받고 무엇이든 안 된다는 생각보다는 가능한 된다는 생각이 많았으면 좋겠다. 설사 허무맹랑한 생각일지라도

무조건 안 된다고 자르기보다는 존중받는 느낌이 들 수 있도록 해야
한다. 그런 기본이 교사와 아이들의 자존감을 높인다. 그래서 학교
구성원들의 생각이 존중받으면 좋겠다. 그 생각대로 이루어질 수 있
도록 학교는 돕고, 격려하고, 지지하면 좋겠다.

진돗개
황치현 (장승초 3학년)

버스에서 내리면
강아지가 달려온다.
내 몸이 자석 N극이고
강아지 몸이 S극 같다.
점심 먹고 강아지를 찾으면
강아지가 내비게이션 같다.
또 애교도 부려
밥도 달라고 한다.
참 귀엽다. (2013. 11. 18)

아이들에게 생명 교육을 하면서도 정작 생명 교육을 실천할 기회
나 방법은 많지 않다. 그나마 실습이나 과학 실험 정도가 있는데 여
러 조건이 맞지 않아 몸으로 느낄 수 있는 활동보다는 이론으로 배
우는 경우가 많다.
    '학교에서 개를 키워보는 것은 어떨까?' 하는 생각. 아마도 현실을
고려하여 불가능할 거라는 생각부터 할 것이다. 개밥은 누가 줄 것인

지, 어디서 어떻게 키울 것인지, 묶어놓고 키우거나 철장 안에서 키우는 것이 교육적인지, 방학하면 관리는 어떻게 할 것인지 따위의 수많은 문제가 따른다.

2013년 가을에 장승학교 학부모님이 개가 새끼를 여러 마리 낳았다고 강아지 네 마리를 학교에 주셨다. 구성원들의 동의를 구해서 강아지를 키우기로 했다. 태어난 지 얼마 안 되는 강아지 네 마리가 운동장을 뛰어다니는 장면은 그야말로 장관이었다. 쉬는 시간이면 운동장에서 주로 축구를 하던 고학년 아이들도 축구는 뒷전이고 오직 강아지 옆에 붙어 있을 정도였다.

아침에 아이들이 학교에 올 때면 꼬리를 흔들며 마중을 나오기도 하고, 아이들이 보이는 곳이면 늘 강아지들이 있었다. 다모임에서 회의 끝에 강아지들에게 이름도 붙여줬다. 태어난 차례대로 첫째, 둘째, 셋째, 넷째로 너무나 간단한 이름이었다. 이렇게 커갈 때까지만 해도 참 좋았다.

그런데 행복도 잠시. 한 가지씩 문제가 생기기 시작했다. 강아지들을 묶어놓지 않고 키우는 데다가 어미 개가 없이 새끼들만 학교에 자라다 보니 아무 곳에나 똥을 싸는 것이 문제가 되었다. 또 마을 어른들이 강아지들이 학교 밖으로 나온다며 묶어놓았으면 좋겠다는 말씀을 하셨다. 결국 강아지에게 목줄을 하기로 했다. 개집은 목공부 아이들이 여러 날 애써서 만들어주었지만 따로 개장을 만들어줄 만한 넓은 공간이 없는 것도 문제였다.

또 다른 문제는 강아지가 늘 귀여운 강아지로만 있지는 않다는 거다. 강아지를 귀여워하고, 예뻐하던 유치원과 저학년 아이들도 강아지가 점점 자라서 개의 모습이 되어가니 다가서기 부담스러워했다.

이러다 보니 아이들 다모임에서 개 문제가 여러 번 주제가 되기도 했다. 결국 네 마리를 학교에서 키우기에는 많다는 결론에 이르렀고, 첫째와 셋째 두 마리는 분양하기로 했다. 개 두 마리를 한꺼번에 분양한다는 것이 쉬운 일이 아니어서 주인을 찾는 데 어려움을 겪었다. 결국 두 마리는 우리 집에서 키우기로 했다.

학교에 남은 두 마리는 묶이는 처지가 되었고, 묶어두다 보니 점차 아이들 관심에서 멀어지기 시작했다. 개밥 주는 것부터 개똥 치우는 것도 일이었다. 낭만적으로 시작했던 일이 어려움을 겪었다. 아이들은 다모임에서 요일별로 개밥 주는 당번도 정하고, 개똥 치우는 것도 나눠서 했다. 단순히 개를 키우는 것이 아니라 키우는 과정에서 아이들도 성장했다. 예전보다 뜸하기는 했지만 그래도 둘째와 막내를 잊지 않고 날마다 찾아주는 아이들도 있었다.

개들도 묶여있다보니 많이 답답해했다. 사람을 그리워하고, 먹이를 주면 두 마리가 싸우는 모습도 자주 보였다. 아이들은 싸우는 모습에 실망하기도 하고, 동물이지만 식구끼리 왜 그렇게 싸우느냐고 의아해했다.

여러 어려움은 있었지만 둘째와 막내는 두 해를 넘겨 꾸준히 길렀다. 그러다가 지난해에 개 문제가 또다시 다모임의 주제가 되었다. 두 마리도 부담스럽다는 의견이 나왔다. 또 개를 키우던 터에 학교 체육관을 짓게 되어서 마땅히 키울 만한 공간이 없다는 것도 문제였다. 두 마리 다 키워야 한다는 의견과 한 마리만 키워야 한다는 의견이 팽팽했지만 결국 한 마리는 분양하기로 했다. 다행히 분양을 받겠다는 분이 있어서 한시름 덜 수 있었다. 그런데 둘째와 막내 가운데 누구를 분양해야 할지가 고민이었다. 아이들 의견을 물으니 그래도 좀 더 작은 막내를 따르는 아이들이 많았다. 결국 둘째는 아이들이 키운 지 두 해 만에 혼자 사시는 아저씨 곁으로 갔다. 지금은 막내 한 마리만 학교에서 지내고 있다.

기다림과 자유
이다영 (장승초 6학년)

막내를 그냥 지나가는 사람이 많다.
막내는 계속 기다린다.
오랜만에 사람이 자기를 부르면
온갖 애교들을 다 부려서
사랑받고 싶어 한다.
나중에 목줄을 풀면
정말 학교를 발도 안 보이게
뛰어다닌다. (2016. 6. 2)

개집은 학교 뒤편으로 옮겼다. 목공부 아이들이 막내가 자란 만큼 개집을 좀 더 크게 다시 지어주었다. 나무에 줄도 길게 매달아서 움직이기 편하게 해주었다. 뒤편에는 아이들 텃밭이 있어서 오가는 아이들이 훨씬 많고, 막내 한 마리만 있게 되니 아이들도 더 애틋해했다. 너무 오랜 시간 묶어놓다 보니 막내가 스트레스를 많이 받는다는 의견이 있어서 아이들이 학교에 오는 시간에 풀어놓았다가 집에 갈 때쯤 해서 다시 묶어놓는다. 아이들은 막내 관리 전담팀을 꾸려서 개밥은 물론 풀어놓기, 묶어놓기와 훈련도 시키고 있다. 전보다 훨씬 사랑도 많이 준다. 사랑을 많이 받으니 막내 표정도 훨씬 밝아졌다. 살도 올랐다. 낯선 사람과 장승 식구들 구분도 참 잘한다. 세 해가 되니 이제야 막내가 온전히 장승 식구가 된 것 같다.

갓 태어난 소
이나영 (장승초 6학년)

아침에 일찍 일어나
엄마 소밥 주는 데 따라갔다.
저기 맨 끝에 웅크리고 있는 게 있다.
누구지? 뭐지?
가보니 털이 아직 젖어 있는 송아지
엄마보고 "암컷이야? 수컷이야?"
엄마는 "에구 암놈이네. 아이구 30만원."
하며 한숨을 쉰다.
나는 엄마한테 "엄마, 왜 한숨을 셔?"
엄마는 "요즘은 수놈이 더 비싸."
나는 그저 소를 바라보고 있다.
갓 태어난 소를
내가 계속 바라보고 있으니
어미 소는 겁을 먹고 있는 듯
초조히 서 있다. (2016. 4. 7)
　*셔 : 쉬어

글은 있는 그대로 쓰는 것도 귀하지만 한 발 더 나아가서 내 이야기를 온전히 담아내면 더 가치가 있다. 어느 누구의 삶도 아닌 내 삶이 있어야 한다. 시는 더욱 그렇다. 오롯이 내 느낌으로, 나만이 가질 수 있는 마음을 담아야 한다.

시골에서 소는 예전부터 귀한 살림 밑천이었다. 집집마다 소를 몇 마리씩 키웠고 정으로 키우는 집이 많았다. 지금이야 대규모로 사육하는 경우가 많지만 아직도 시골에는 몇 마리씩 키우는 집이 있다. 나영이네 집도 그렇다. 나영이 아버지는 농사를 짓기도 하지만 농사만으로는 경제적으로 어려움이 있어서 소도 몇 마리 키우고, 밤에는 전주 요양원에서 일도 하신다. 워낙 부지런하시고 유머가 있으신 분이어서 사람들이 모이면 재미난 말씀도 잘하신다.

3월 셋째 주, 저녁 무렵 가정방문을 갔을 때 집 안마당 작은 비닐하우스에서 기른 상추며 이른 봄나물에 고기도 구워주시고, 정감 있는 말도 많이 나눌 수 있어서 참 편했다. 시골 인심을 가득 담은 저녁이었다. 물론 나영이도 그런 아버지 밑에서 자라서인지 성격도 밝고 무엇이든 열심히 하는 아이다.

어느 날, 나영이가 학교에 오자마자 "킹콩, 우리 집 소가 송아지를 낳았어요." 한다. 나도 궁금해서 "그래? 이쁘겠다. 암놈이야, 수놈이야?" 하니, "암놈인데요. 엄마가 서운해 해요." 한다. 사실 우리나라는 워낙 농축산물 값이 들쑥날쑥해서 소를 키우거나 농사를 짓는 게 힘든 편이다. 나처럼 학교 선생이야 제때 월급이 나오지만 농민들은 어렵게 농사지어도 제값 받기가 어렵다. 소를 키우는 것도 그런 것이 몇 해에 한 번씩은 꼭 소 파동을 겪고, 그럴 때마다 축산 농민들만 고스란히 피해를 본다. 암수에 따라 송아지 가격이 다르니 나영이 어머님이 충분히 그러겠다 싶은 마음이 든다.

가만히 앉아서 갓 태어난 소를 따스한 눈빛으로 바라보는 나영이 표정이 그려져 나도 덩달아 마음이 따스해진다.

큰 소
이현회 (진안중앙초 6학년)

며칠 전부터 큰 소가
계속 울어 댄다.
그래서 내가 아빠한테
"아빠, 소가 왜 울어요?"
"송아지 낳은 거 팔아서 그래."
"송아지 팔았어요?"
"어, 세 마리 팔고 두 마리 샀어."
큰 소가 너무 불쌍하다.
자기 새끼가 팔리면
얼마나 슬플까.
정말 큰 소가 불쌍하다. (2009. 5. 6)

언젠가 농촌 일손 돕기를 갔을 때 슬픈 눈으로 우는 소를 보고 많이 놀란 적이 있다. 그때도 새끼를 다른 곳으로 가져갈 때였다. 막연하게 소를 생각하면 부지런하고, 거짓말이라고는 도통 모를 것 같은 우직한 모습이 떠올랐는데 보내지는 새끼를 생각하며 우는 모습은 살아 있는 생명의 귀함을 다시금 깨닫게 했다.

현희 아버지는 농사도 많이 짓고 부지런한 농부였다. 부모님은 농사철에 새벽부터 일찍 나가신다. 현희는 밑으로 나이 차이가 꽤 나는 동생이 셋이나 있는데 부모님이 일하러 나가면 동생 돌보는 일은 늘 현희 몫이었다. 그런데도 힘든 표정 한 번 내지 않고, 동생들을 잘 돌본다. 현희가 학교를 졸업하고 중학교에 간 이후로도 연락하고, 가끔씩 만나고는 했다. 벌써 대학생이 되었다.

현희가 소를 바라보는 따뜻한 시선이 내 가슴에 전해진다. 소를 그냥 소로 보지 않고 자기 새끼가 팔리면 얼마나 슬플까, 하고 마음으로 느끼고 있다.

새끼 고양이

이현희 (진안중앙초 6학년)

새끼 고양이는
우리가 나무해 놓은 곳에 산다.
그런데 새끼 고양이 부모는
굶어 죽었다.
이제 혼자라
내가 물을 주려고
가까이 가면 도망가 버린다.
먹을 게 없어서
내가 버린 음식물 쓰레기를 먹는다.
그래서 그런지 말랐다.
부모도 죽고

먹이를 구해줄 사람도 없다.

누가 고양이를 데리고 가서

키웠으면 좋겠다. (2009. 5. 31)

현희의 시선은 역시 부모도 죽고, 먹이를 구해줄 사람도 없는 새끼 고양이에게 향해 있다. '큰 소'에서 팔린 새끼가 보고 싶은 부모의 마음을 보았듯이 부모 잃은 새끼 고양이를 걱정하는 마음이 여전히 크다. 현희는 늘 그랬다. 자신보다는 좀 더 어려운 사람, 좀 더 어려운 처지의 동물들에게 마음을 주었다. 거의 날마다 썼던 현희의 일기는 마치 초등학교 4학년 때 쓴 일기를 묶은 『저 하늘에도 슬픔이』의 윤복이의 일기처럼 마음을 울리는 글들이 참 많았다.

노무현 대통령
이현희 (진안중앙초 6학년)

노무현 대통령이 가루로 변해버렸다. 어쩌다 이렇게 되었나? 나도 뉴스나 사진들을 보고 많이 울었다. 지금도 생각하면 눈물이 난다. 노무현 대통령이 좋아했던 손녀는 "안녕히 가세요, 할아버지." 그랬다. 어쩌면 그 손녀도 내가 그랬듯이 겉으로 안 울고 속으로 울지 모른다. 지금도 그러니까 왜 누가 노무현 대통령을 죽게 했나 싶다.

'서거' 검정 리본을 잃어버렸다. 나 때문에 그렇게 되었다 싶다. 그 리본 잃어버리지 말았어야 했다. 어쩌다 그걸 잃어버려서. 하지만 리본은 잃어버렸지만 추모하는 것으로 계속 앞으로도 좋아할 거라는 뜻으로 노무현 대통령 저금통에 돈을 계속 넣을 거다.

돌아가시지 않았더라면 어떻게 되었을까? 모든 사람이 슬퍼하지 않고 노무현 대통령도 수사가 끝나 다시 좋은 생활을 할 거다. 노무현 대통령도 실패를 두려워하지 않고 살았다. (2009.5.26)

어른들도 쉽게 하기 힘든 이야기들을 일기장에 쭉쭉 써 내려가는 현희의 마음을 헤아려보니 보통 어른들보다 훨씬 더 깊은 생각을 하며 산다는 생각이 들었다. 하루가 힘들고 지치다가도 현희 일기장을 보면 얼굴이 펴지기도 하고 웃음도 나오고는 했다. 무엇보다 흙을 밟고, 시골에서 나고 자란 건강함이 현희의 깊은 생각에 영향을 주지 않았을까 싶다. 또 동물이 자라는 것을 보고 함께 살면서 생명에 대한 따스한 마음도 그 누구보다 깊게 자랐지 싶다.

청개구리 관찰
송성관 (진안중앙초 6학년)

청개구리를 잡아서
배를 뒤집어 배를 문질렀더니
슬슬 잠이 들더니
진짜 잔다.
개구리를 냇가에 띄우니 두둥실
물도 아래쪽으로
개구리도 아래쪽으로
어디론가 간다. (2009. 8. 13)

성관이는 동물을 사랑하는 마음이 따뜻한 아이였다. 그래서 꿈도 동물을 살피고 보호할 수 있는 동물과 관련된 일을 하고 싶다고 했다. 개나 고양이는 물론 살아 있는 동물을 좋아하고 참 많이 아꼈다. 길을 가다가 길고양이를 만나도, 도로를 지나는 개구리 한 마리도 허투루 보지 않고 먹을거리와 안전을 먼저 생각했다.

어느 날, 성관이가 청개구리 시를 써 왔는데 나도 처음 보는 내용에 신기해서 "성관아, 정말 그렇게 하니까 청개구리가 잤어?" 하니 해맑은 얼굴로 "예, 저도 진짜 잘 줄은 몰랐어요." 하며 웃는다. 살아 있는 생명에게 다가가서 눈을 맞추고 마음을 나눌 수 있으니 가능할 일이 아닐까 싶다.

제비
김승혜 (진안중앙초 6학년)

외갓집에
제비가 둥지를 틀었다.
처음 본 제비도 아닌데
참 신기하다.
제비 한 쌍은 번갈아가며
먹이를 구해 와서
새끼한테 주고
망을 보면서
먹이를 구하러 다녀온다.
저녁에는 둥지에서

아기 제비를 지킨다.
누구나
자기 자식을 사랑하는 건
똑같다. (2009. 6. 10)

요즘은 제비 보기가 참 힘든 세상이 되었다. 시골에 살고 있는 나
도 제비를 도통 볼 수가 없다. 제비가 둥지를 틀 만한 공간이 없다는
것이 가장 큰 문제다. 제비가 둥지를 짓고 살 수 있는 환경이 되도록
논도 충분히 있어야 하고, 오염되지 않은 하천과 울창한 숲도 있어야
한다. 하지만 논은 갈수록 줄고, 맑은 하천이나 울창한 숲도 예전만
못하다. 오죽했으면 진안군에서 얼마 전 제비 둥지 조사를 벌였는데
채 열 개가 되지 않았다고 하니 어쩌면 제비 구경을 할 수 없는 세상
이 올지도 모르겠다는 생각이 든다.
승혜는 참 정이 많은 아이였다. 방금 전에 혼이 나도 금세 웃으며
다정하게 말을 걸고, 식구를 생각하는 마음, 친구를 생각하는 마음
이 남달랐다. 그런 마음으로 제비를 바라보고 살폈을 것이다.

회색 참새
박선경 (송풍초 3학년)

아침에 학교 가는 길에
회색 참새 세 마리가 날아와서
다리 위에서 삑삑거린다.
자기들끼리만 말을 한다.

삑삑삑 노래를 부르는 거니?
내가 뚫어져라 쳐다보니까
두 마리 날아가고
한 마리만 남았다.
그러더니 마지막까지
포르르 날아가 버렸다.
나도 참새처럼 포르르 날아가면 좋겠다. (2006. 5. 26)

제비가 귀하다고 했는데 요즘은 그 흔한 참새도 구경하기 힘들다. 십여 년 전만 해도 시골에서 논에 곡식이 익어 갈 즈음, 가을걷이가 한창일 때 쉼 없이 날아드는 참새는 골칫거리 가운데 하나였다. 겨울에도 먹이가 부족한 참새들이 마을로 내려와 외양간이나 볏짚을 기웃거리곤 했었다.

초등학교 3학년 때였다. 친구들과 패를 이루어 참새를 잡는 작당 모의를 했다. 세운 나뭇가지에다 덮을 수 있는 통을 엎어놓고 줄이 묶인 나뭇가지를 세워 십여 미터쯤 떨어져 통 아래 미끼로 놓은 낱알을 참새가 날아와 먹기를 기다렸다. 참새가 나타나면 줄을 잡아당겨 참새를 잡았다.

선경이는 충남 금산군에서 직행버스를 타고 전북 진안군 용담면까지 학교를 다녔다. 직행버스로 십여 분 거리지만 그래도 도로를 오가는 길이라 아직 어린 3학년 아이가 잘 다닐까 염려도 있었다. 용담은 외가가 있어서 낯설지 않은 곳이기도 하고, 아이들 숫자가 많지 않아 함께 배려하며 어울릴 수 있는 공간이어서 그런지 재미나게 다닌 편이었다.

학교를 오가면서 본 이야기나 겪은 이야기를 종종 글쓰기 공책에 썼는데 참새 이야기도 그때 쓴 시다. 마지막 행이 마음을 울린다.

개구리
허순호 (송풍초 3학년)

학교에 놀러갔다 집에 오니
마당 앞 가로등 밑에
개구리가 울고 있다.
개구리를 밟을까 봐
조심히 갔다.
개구리가 왜 우는지 알겠다.
밟지 말라고 우는 것일 거다. (2006. 8. 16)

순호는 키가 크고, 마른 아이였다. 겉으로 보기에는 딱딱한 표정으로 보일 수 있지만 마음만큼은 정이 많았다. 여동생 순주도 잘 보살폈고, 친구들에게 먼저 배려하는 아이여서 다툼이 없었다. 또 둘레를 잘 살피고, 살핀 것을 글과 시로 잘 썼다. 글만 그런 것이 아니라 자세히 살펴서 그림도 특별히 잘 그렸다.

시골에서 흔히 볼 수 있는 개구리는 그냥 지나칠 법도 한데 순호는 늘 듣는 개구리 소리도 허투루 넘기지 않았다. 마치 어른이 아이와 몸을 숙여 눈을 맞추듯 개구리의 생각과 시선으로 다가가 개구리와 대화를 하고 있었다.

개구리

민진홍 (송풍초 6학년)

야자를 하고 정관이 형이랑

집에 오는데

개구리가 엄청 많다.

어제 비가 와서 그런다고 했다.

발 바로 앞에 있어서

더 밟을 거 같다.

밤이라 잘 보이지 않는데

내가 밟아 죽일 거 같아서

소름이 끼친다.

오면서 계속

다리가 후들후들거렸다.

집에 와서 밟을 것 같은

느낌을 생각해 보니

최소한 여섯 마리는

내 발에 깔려 죽었을 것 같다. (2008. 5. 31)

2004년부터 다섯 해 동안 송풍초등학교에서 아이들을 만났는데 2007년에 5학년, 2008년에 6학년 담임을 해, 네 아이를(민진홍, 김하겸, 김정환, 문다정) 두 해 동안 연달아 만났다. 2002년부터 해마다 학급문집을 내기는 했지만 네 아이와는 두 주에 한 번 손글씨로 〈참 삶을 가꾸는 놀이터〉라는 8면 학급신문을 냈다. 처음 서너 달은 아이들이 글과 시를 글쓰기 공책에 써 오면 함께 살피고 나눈 다음 내 손글씨로 학급신문을 냈다. 아이들이 넷밖에 되지 않으니 글과 시를 평소에 꾸준히 쓰지 않으면 낼 수 없는 처지였다. 네 아이는 글을 모나지 않게 잘 썼고, 꾸준히 쓰는 편이었다. 또 시골에서 나고 자란 아이들답게 정도 많고 친하게 지냈다. 여자아이는 다정이 혼자였지만 꿋꿋하게 남자아이들 틈에서 잘 지냈다.

서너 달이 지나고 아이들이 직접 그림도 그리고, 글도 골라서 아이들 손글씨로 신문을 내기 시작했다. 8면을 아이들 손글씨로 내는 것이 여간 힘든 것이 아니었지만 아이들은 꾸준히 잘 해주었다. 이렇게 꾸준히 냈던 신문을 모아 연말에 학급문집으로 엮었다. 두 해 동안 아이들과 들로 산으로 다니면서 글도 쓰고 책도 읽으며 행복한 시간을 보냈다. 그 두 권의 문집은 그 이후로도 다시 도전해 보지 못한 것이어서 더욱 특별한 문집이다.

상춘원
민진홍 (송풍초 6학년)

학교 옆에 상춘원이라는 공장에
개가 두 마리 있었는데
한 마리는 머리와 뼈만
집 앞에 있고
다른 한 마리 개는
있지도 않다.
어떤 사람은 잡아먹었다고도 하고

또 다른 사람은 죽었다고 한다.

만약 잡아먹었다면

그 집 앞으로 다니지도 않을 거고

아저씨를 봐도 인사도 안 할 거다.

개를 사랑하지 않는 사람은

그래도 싸다. (2008. 5. 3)

진홍이 글과 시는 그때도 좋았지만 다시 읽어도 마음이 참 시원하고 통쾌한 기분이 든다. 진홍이는 시와 글에 쓴 대로 살아 있는 생명을 함부로 대하는 사람을 자신만의 기준과 방식으로 대할 줄 아는 아이였다. 어리지만 마음은 결코 어리지 않았다. 부모를 대하는 마음, 친구를 대하는 마음, 다른 사람을 배려하고 살피는 마음이 참 좋았다. 시골에서 나고 자란 아이들이 가진 힘이 이런 게 아닐까. 들판에서 일하는 부모님을 도와서 일할 수도 있고, 차에 치여 죽은 동물을 보고 그냥 지나치지 않고 안타까워 할 수 있는 마음. 이렇게 몸과 마음이 건강한 아이들이 자라고 있는데도 시골 학교는 해마다 아이들이 줄어든다. 아무리 시골 학교가 좋다고 해도 입시 위주의 현실, 사교육 열풍, 도시 지향의 풍토 따위의 현실을 생각하면 도시로 떠나는 현실이 당연할지도 모르겠다.

시골 학교 졸업식

윤일호

학교장상, 학교운영위원장상, 군수상, 면장상, 국회의원상, 농협조합장상,

우체국장상, 경찰서장상, 소방대장상, 방범대장상, 개근상, 표창장, 모범
상…….

수북하게 쌓인 상장들
그 앞에 앉은 졸업생

달랑
아이 혼자.

진안군 용담면에 있는 송풍초등학교는 전교생이 스무 명도 안 되
는 아주 작은 학교다. 그것도 면에 하나 있는 거점 학교다. 면민도
천 명이 되지 않는다. 그런데도 나는 이렇게 작은 송풍초등학교가
참 좋았다. 우리 식구도 학교 관사에 살았는데 마을 분들이 정이 많
아서 먹을거리가 있으면 꼭 우리 집까지 챙겨주었다. 그런 부모들 밑
에서 자라서 그런지 아이들도 마음이 맑았다. 한 반에 많아 봐야 예
닐곱 명도 안 되지만 아이들은 하나같이 마음 씀씀이가 참 예뻤다.
그래서인지 아이들 시도 참 좋았다. 학생 수는 적지만 나에겐 마음
이 큰 학교였다. 어쩌면 먼 훗날 이 학교가 사라지지 않고 귀농, 귀촌
한 사람들이 많아져서 학생 수가 늘어날지 누가 알겠나. 수북하게 쌓
인 상장들을 혼자 들고 가지 않고 아이들도 북적북적, 어른들도 북
적북적한 시골 학교 졸업식이 그리워진다.
  난 아들 셋에 딸 하나다. 자식을 넷이나 낳았다고 만나는 사람들
마다 "아이고, 국가에서 상 줘야겠네." 한다. 지금 우리나라 처지를
생각하면 아이들이 살아갈 삶이 고될 것 같아 후회스럽기도 하다.

그나마 시골에서 살면서 몸이 건강하게 자라고 흙을 밟고 살 수 있으니 다행이다. 또 집 둘레에 고양이와 개, 닭을 키우면서 살아 있는 생명을 살피고 귀히 여기는 마음도 자라니 더 다행스럽다.

농사 정말 까다롭네

아침에 학교에 오면 제일 먼저 가는 곳이 텃밭이다. 100여 평 남짓한 땅인데 학년별로 나누어도 작지 않은 넓이다. 해마다 3월이 되면 텃밭에 뿌릴 거름도 사고, 학부모에게 부탁해서 두둑도 만든다. 초보 농사꾼들이지만 고학년 아이들은 직접 삽과 괭이를 들고, 텃밭에 가서 두둑을 만들기도 한다.

학년별로 아이들과 무엇을 얼마만큼 가꿀지 이야기를 나누고 희망에 따라 모종도 사고, 씨앗도 산다. 감자는 학년 구분 없이 해마다 심는 편인데 학부모에게 씨감자를 미리 구하거나 읍내 장에 가서 사기도 한다. 그리고 학교에 며칠 두었다가 3월 말쯤 심는다. 장승학교가 있는 곳이 해발 350미터 정도 되는 곳이어서 밤낮의 기온차가 크다. 그래서 다른 곳보다 심는 때가 조금 늦은 편이다.

감자를 심는 날 아침이면 모든 아이들이 모여서 감자 이야기를 나눈다. 전에 감자를 심어 본 아이들도, 처음 심는 아이들도 모두 호기심이 가득하다.

"감자 씨는 묵은 감자 칼로 썰어 심는다. 토막토막 자른 자리에 재를 묻혀 심는다~."

준비한 음악에 맞춰 교실에서 배웠던 이원수의 〈씨감자〉 노래를 함께 부른다.

"씨감자는 며칠 전에 눈이 고루 나눠지도록 칼로 썬 거여. 보이지? 그런데 재는 왜 묻힐까?"

아이들은 "저요, 저요." 하며 손을 들고 대답한다.

"감자가 아프니까요."

"재가 잘 덮어주라고요."

미리 준비한 씨감자를 아이들과 칼로 자르고, 준비한 재를 묻혀 놓는다.

텃밭에 가서 학년별로 나눠준 텃밭 두둑에 구멍을 낸다. 그리고 씨감자를 자른 부분이 밑으로 향하게 하고 흙을 덮는다. 감자를 처음 심는 아이들은 씨감자를 자른 부분의 방향이 중요하다는 것도 신기해한다. 이렇게 텃밭에 식물을 가꾸는 것은 부모가 자식을 키우는 것처럼 허투루 하는 것이 하나도 없다.

재밌는 줄만 알았는데

강예림 (장승초 6학년)

밭일은 재밌는 줄만 알았는데
알고 보니 다리도 아프고
고랑도 비뚤어지면 안 되고
옥수수도
두세 개씩 심어야 되고
농사 정말 까다롭네. (2011. 5. 19)

감자를 심고 나서 몇 주가 지나고, 이번에는 아이들이 심기로 한 작물을 심는다. 주로 아이들은 옥수수나 방울토마토, 가지, 오이, 고추, 호박, 상추, 깻잎 따위를 심는다. 작물마다 심는 방법도 다르고 가꾸는 방법도 다르다. 처음 가꾸는 아이들은 신기할 뿐이다. 하지만 농사라는 게 재미로만 키울 수 있나. 하루 이틀은 재미를 느끼지만 날마다 물도 주고, 풀도 뽑아야 하고, 순을 쳐주는 것은 보통 정성이 아니면 안 된다.

전주에서 학교를 다니다가 6학년이 되어 전학을 온 예림이는 텃밭 가꾸기를 놀이처럼 재밌어했다. 땀 흘려 일하는 것도 신기하고 즐거워했다. 모든 농사짓기 과정이 예림이에게는 새로운 세상이었다. 농사에 대해 하나하나 알아가면서 '마냥 즐거운 것만은 아니구나.' 하고 알게 되는 것이니 그것이 살아 있는 공부가 된다.

어른들이 다 해주면 모를까 아이들 손으로 날마다 가꾸는 것은 제법 품도 들어야 하고, 정성도 필요하다. 처음 심을 때야 손도 별로 가지 않지만 시간이 갈수록 날이 더워지고, 풀도 많이 올라온다. 가지 순도 제때 쳐주지 않으면 금세 시들거나 축축 늘어지고 자칫하면 열매를 먹지 못할 수도 있다.

밭일
강희주 (장승초 6학년)

밭고랑을 만들고
씨앗을 심고
물도 주어야 되고

풀도 뽑아줘야 하고

어느 때는 귀찮고

어느 때는 재미있는

해 봐야만 알 수 있는

힘들지만 보람찬 밭일

지금은 힘들고 귀찮아도

새싹들이 커서 열매를 맺으면

후회는 없을 것 같다. (2011. 5. 19)

6월 말까지는 텃밭에서 아이들마다 심은 작물을 수확하는 재미가 쏠쏠하다. 제법 크고 나면 오이나 가지는 따기 바쁠 정도로 주렁주렁 열린다. 고추도 그렇다.

희주는 처음에는 농사짓는 것이 재미있는지 나중에 커서 농부가 되겠다고 하더니, 조금 지나서는 일이 힘들었는지 농촌진흥원 같은 곳에서 농업에 관련된 일을 하겠다고 한다.

아이들 농사는 장마철이 오면서부터 문제다. 비가 오기 시작하면서 텃밭에 가는 아이들 발걸음도, 관심도 줄어든다. 그리고 7월 중순이 되면 여름방학. 학교 텃밭이 유지되지 못하는 가장 큰 고비가 바로 여름방학이다. 그때부터 가꾸는 정성이 시들해지고, 텃밭이 엉망이 되기 시작한다. 돌봄 교실에 참여하는 친구들이 학교에 나오거나 학교에 출근하는 선생들이 살피기도 하지만 한계가 있다 보니 관리되지 않은 채로 여름방학을 지내는 경우가 많다.

텃밭에 심은 방울토마토는 따지 않고, 관리도 하지 않아 속이 터져 벌레들이 끓는다. 오이는 순을 쳐주지 않고, 살피지 않아서 묵은 오이들이 주렁주렁 달려 있는가 하면, 가지는 먹을 수 없을 만큼 커질 대로 커져 보기 흉하기도 하다. 고추는 병이 들어 그대로 썩어 간다. 정성과 마음을 쓰지 않는 학교 텃밭은 이렇게 끝을 맺었다.

심는 것에 그치지 않고, 살피고 정성들여 가꾸는 것만큼 귀한 공부가 없을 텐데 마음처럼 쉽지가 않다. 자라는 과정도 살피고, 마음과 정성으로 가꾸는 것도 중하며, 자란 것을 수확하는 기쁨도 누릴 수 있어야 텃밭의 귀한 공부를 제대로 할 수 있을 텐데 해마다 숙제인 텃밭 공부, 올해는 제대로 잘될까?

배추
김하겸 (송풍초 6학년)

아침에 텃밭에 가서
배추를 보니
배추가 자동차 바퀴만 하다.
"배춧잎이 커서 어떻게 먹어?"
"한 끼로 먹어도 되겠다."
우리가 키웠다는 생각에
자랑스럽고
어깨가 으쓱해진다. (2008. 10. 7)

여름 텃밭이 지나고 나면 다시 그 자리에 배추와 무를 심는다. 아이들과 김장할 때 쓸 김칫거리다. 배추와 무 농사도 여간 힘든 게 아니다. 모든 농사가 그렇지만 약을 안 하고 키우는 것이 얼마나 힘든

지는 농사를 지어 본 사람이면 누구나 알 수 있다.

아이들과 모종을 심고, 유기농 농사를 짓는 학부모에게 농약을 하지 않고 배추에 벌레가 끓지 않도록 하는 약을 구해서 뿌리고, 손으로 배추벌레를 잡아 가면서 키웠다. 이렇게 키워 보면 유기농으로 키운 농작물이 얼마나 귀한지 자연스레 알 수 있다.

그해 우리 반 아이들 넷과 나는 배추와 무 50포기 정도를 키웠는데 날마다 배추벌레를 잡아주면서 정성으로 키웠다. 농사가 잘되어서 그 배추와 무로 김장을 담고, 마을 어르신들을 찾아뵙고 집 청소도 해 드리며 정성으로 담근 김치를 드리기도 했다. 과정이 참 좋기는 했는데 두고두고 마음에 걸리고 아쉬웠던 것은 손으로 배추벌레를 잡아서 그냥 죽이기만 한 것이다. 그렇게 많은 배추벌레를 잡으면서도 아이들과 충분히 의견을 나누고 생명에 대한 공부를 하지 않았으니 지금도 아쉬움이 남는다.

논의 올챙이
이다인 (장승초 6학년)

모내기를 하는데
작은 올챙이 한 마리가
올라갔다가 내려갔다가 한다.
흙탕물 안에서
보였다가 안 보였다가 한다.
조그만 꼬리를 꼬물거리며
흙탕물로 난리 난 논을 헤엄친다.

모내기하기 전에는
조용히 있었을 텐데
허겁지겁 도망 다니니
안쓰럽다. (2013. 5. 31)

2011년부터 5월 말이면 해마다 장승 아이들과 모내기를 한다. 400평 두 마지기 논이라 크지는 않지만 초보 농부들인 장승학교 식구들이 감당하기에는 작지 않은 넓이다. 무엇보다 모를 심기 전에 여러 가지 준비도 해야 한다. 모 심을 땅을 평평하게 골라야 하고, 유기농 거름도 사야 하고, 모도 주문해야 한다. 주문한 거름은 미리 아이들과 뿌려야 하고, 모 심기 전에 논에 물도 대야 한다. 익숙하지 않은 사람들이 척척 준비하기에는 만만하지 않은 일들이다. 그리고 아이들이 제일 기대하는 간식도 준비해야 한다.

모를 심는 날은 장승학교가 아침부터 북적북적하다. 여러 해 해 본 아이들은 힘들다, 들어가기 싫다 하고, 6학년 아이들은 웃으면서 "우리는 올해가 마지막인데." 하며 끝나는 것을 자랑하듯 말한다.

어떻게 손모를 심는지 잠깐 이야기를 나누고, 아이들과 줄을 맞춰 논으로 걷는다. 아이들은 두레별로 줄을 맞춰 심는다. 낮은 학년 아이들은 모 심는 것이 서투르니 고학년 아이들이 그 사이에서 동생들을 도와준다. 직사각형 모양의 논에서 가운데부터 마주보고 두 줄로 맞춰 선 다음 심는다.

긴 장화를 신은 아이들, 맨발로 들어가는 아이들, 스타킹을 신은 아이들도 있다. 아이들은 마지못해 들어가면서 별의별 소리를 다 낸다. 저학년 아이들은 논에 달라붙은 발을 빼어서 옮기는 것이 쉽지 않다. 모판에서 뺀 모는 어른들이 먼저 나누어 논바닥에 흩어놓는다. 가운데 못줄에 맞추어 일렬로 섰다. 왼손에 모를 잡고 오른손으로 몇 개씩 떼어서 심었다. 못줄을 잡은 어른들이 장단을 맞춰서 "줄~." 하면 아이들은 굽혔던 허리를 펴고 논바닥에 박힌 발을 뺀다. 발이 빠지지 않는 아이들은 "아이고~." 하면서 고학년의 도움을 받아 발을 빼기도 한다. 그렇게 아이들이 옮기면 못줄도 따라 다음 줄로 움직인다.

처음에는 서툴던 아이들도 몇 줄 심고 나면 요령이 생겨 제법 속도를 내어 재빨리 모를 떼어 심기도 한다. 자기 앞에 놓인, 빨간 표시가 되어 있는 못줄에 심어야 하는데 저학년들이 심기에는 속도를 따라가기가 만만치 않다. 그래도 서로 도와가며 모를 심는다. 모내기만 하는 것도 아니다. 논에 살고 있는 생태계도 살핀다. 올챙이를 보고 괜히 안쓰러운 마음도 든다.

1학년 개구쟁이들은 조금 심다가 말고 "어휴 힘들어. 쉬고 싶어요." 한다. 그러다가 논에 털썩 주저앉기도 하고, 물을 튀기며 달리다가 질퍽한 논바닥에 넘어지기도 한다. 이런 추억을 어디서 쌓겠나. 장승 아이들은 논에서 놀았던 추억을 쉽사리 잊지 못할 것이다.

고학년은 고학년대로 책임감을 가지고, 저학년은 저학년대로 할 만큼 하고 놀며, 나름의 의미를 찾는다. 장승학교의 철학처럼 스스로의 힘을 키우기 위해 몸으로 겪은 것을 절대 잊어버리지 않는다는 것을 알기에 아이들에게 좋은 경험을 주고자 하는 것이다.

아이들이 제일 기다리는 시간은 샛거리 먹는 시간이다. 모 심는 아이들에게 "야들아, 샛거리 먹자." 하면 아이들 표정이 환해진다. 허리를 펴고 어기적어기적 논을 나오는 모습도 재미나다. 학교에서 준비한 샛거리는 삶은 감자와 김치다. 평소 같으면 잘 먹지 않을 김치를 감자에 얹어서 호호 불어가며 맛있게 먹는다. 몇 개씩 먹는 아이들도 있다. 힘들게 일하다 먹는 샛거리 맛은 먹어본 아이들만 안다. 간식을 먹으면서 쉬다가 다시 논에 들어가는 것은 아이들이 정말 싫어하는 것 가운데 하나다.

1, 2학년 아이들은 거기까지 하고 교실로 들어가는데, 3~6학년 아이들은 다시 논으로 들어가야 한다. 제자리로 돌아간 아이들은 저학년이 빠진 자리를 채워야 하니 더 힘을 내서 심어야 한다. 익숙해지면 조금씩 리듬에 맞춰 심기도 한다. 손모를 심을 때 가장 어려운 것은 발로 밟은 자리에 모를 심을 때다. 모를 심어도 푹 들어가 버리니 모를 심지 못하고 모가 둥둥 뜬다. 고학년 아이들은 밟은 자리에 진흙을 긁어와 메우고 모를 심는 요령도 생긴다. 이렇게 한참을 하다가 오후 1시쯤 되면 모심기를 마친다. 두 모둠 가운데 먼저 심은 모둠은 누구랄 것도 없이 "야, 우리가 먼저 다 심었다." 하고 나가는 아이도 있고, 아직 마치지 않은 모둠에 들어가 돕는 아이도 있다.

흙 밟는 소리
송채인 (장승초 6학년)

모 때우기를 한다.
진흙 밟는 소리가
"뿌지직 퐁~ 뿌지직퐁뺑."
변기 뚫는 소리가 난다.
모 때우기보다

흙 밟는 소리 듣는 게
더 재미있다. (2012. 6. 12)

손모를 심고 두 주 정도가 지나면 모가 어느 정도 뿌리 내리는데
잘 심어지지 않은 자리도 보인다. 이때쯤 아이들과 함께 모 때우기를
한다. 저학년 동생들이 심은 자리는 많이 비어 있거나 모가 둥둥 떠
서 빈자리가 제법 보인다. 그래도 아이들 손으로 심은 모가 자리 잡
고 잘 자라는 것을 보는 기쁨은 다른 것과 비교할 수 없다.
　주로 모를 때우는 것은 6학년 아이들 몫이다. 불평할 법한데도 투
덜거리지 않고, 재미나게 한다. 채인이 시를 읽으면 지금 내가 논에
들어간 것만 같다. 진흙 밟는 소리가 들린다.

논에 사는 생물들에게
조운주 (장승초 3학년)

애들아!
너희 논에 사는 생물들아
개구리, 올챙이
우렁이 그리고 우렁이 알들아
무럭무럭 잘 자라라
사람들에게 잡히지 말고.
무럭무럭 잘 자라라
철장에 갇혀
사람들의 놀잇감이 되지 말고

넓은 논에서 자유롭게
노니어라. (2014. 6. 16)

모가 자리를 잡고, 모 때우기도 하고 나면 관심을 가지고 살피는 것이 무엇보다 중요하다. 모가 잘 자라고 있는지 봐야 하고, 논에서 자라는 올챙이나 생물들에게도 관심이 필요하다. 심어만 놓고 살피지 않으면 큰 의미를 찾지 못하니까. 아이들과 가끔씩 논에 들러서 자라고 있는 벼에 대한 이야기도 나누고, 그림도 그리면서 좀 더 살갑게 다가간다. 이때부터는 어른들 손이 많이 간다. 논이 마르지 않도록 논물을 봐야 하고, 피가 얼마나 났는지도 살펴야 한다. 학교 논 근처에 사는 누군가가 살피지 않으면 만만한 일이 아니다.

피 뽑기
송명선 (장승초 6학년)

논에 있는 피를 뽑으러 간다.
벼하고 피하고 구분이 안 간다.
지금 뭘 뽑고 있는지 모르겠다.
피를 뽑으려고 하면
간지러워서 못 뽑겠다.
자기들을 뽑아 가서
못 뽑게 막는 것 같다. (2012. 7. 4)

해마다 두 번 정도 피사리를 한다. 아이들과 함께하기도 하지만 주로 학부모들 몫이다. 우렁이 농법으로 벼농사를 지을 때는 그나마 우렁이가 피를 먹어서 한 번 정도만 피사리를 해주면 벼가 잘 컸다.

첫해 때는 농사 경험이 없는 사람들이 허둥지둥 키우다가 피사리 때를 놓치고, 피가 벼를 덮을 정도로 많았다. 물론 벼 수확도 많지 않았다. 두 번째 해부터는 우렁이 농법(두 마지기 400평에 10킬로그램 정도)이 어느 정도 자리를 잡아서 농사도 곧잘 되었다. 우렁이 농법이면 되는 줄 알았다. 좋은 유기농 거름을 하고, 정성으로 물도 대주면서 정말 친환경으로 잘 키우는 줄만 알았다. 그런데 우리가 알고 있는 '참'이 '참'이 아닐 때가 있다는 걸 다시금 깨달았다.

우리나라에 우렁이 농법을 하는, 풀을 먹는 왕우렁이는 외래종이다. 그런데 왕우렁이로 인한 생태계 피해가 만만치 않다고 한다. 오히려 제초제 뿌린 것보다 더 많은 풀을 먹는다고 하니 놀랄 노릇이다. 물론 제초제와 비교하면 제초제 뿌리는 것보다 낫다고 할 수 있을런지도 모르겠다. 하지만 왕우렁이가 월동을 하기도 하고, 기생하면서 생태계를 교란시킨다는 사실을 알고는 우렁이 농법의 농사는 우리가 추구하는 제대로 된 농사가 아니라는 생각에 뜨끔했다. 어떤 지역은 군 전체를 왕우렁이가 생태계를 거의 독식한다고 하니 심각한 상황이다.

용기를 내어 과감히 학교 논에 왕우렁이를 넣지 않았다. 스멀스멀 풀이 올라오기 시작했다. 멀리서 보면 그냥 모가 잘 자라는 것으로 보이지만 가까이 가 보면 피가 엄청 났다. 피사리를 한 차례 더 해야 할 것 같다. 이렇게 하면 수확량이 적다고 걱정해 주시고 도움말을 주시는 시골 어른들이 계셔서 고마운 마음도 가득하다. 하지만 그래도 학교 논은 벼 수확량이 목적이 아니라 아이들과 제대로 농사짓는 공부를 하는 곳이니 도전해 보는 것이다.

벼를 바라보며
김태규 (장승초 6학년)

오랫동안 보지 못했던
벼를 바라보며
이런저런 생각이 든다.
긴 방학 동안
아무도 찾아오지 않았던 논에는
피 반, 벼 반이다.
세찬 바람과 폭우 속에
살아남은 벼들이
대견하기만 하다.
중간에 빈 부분이 많았는데
다시 심어주고 싶다.
벼꽃도 피어 있다.
예쁘다. (2012. 8. 23)

여름방학을 하면 돌봄 교실에 참여하는 아이들을 빼고는 학교에
잘 오지 않는다. 날이 더운데다 장승학교 아이들은 전주에 살거나
진안 읍내에 사는 아이들이 제법 있어서 학교에 오기가 더 어렵다.
태규는 방학 동안 찾지 않았던 논에 벼와 피가 함께 자라는 모습을

보면서 미안함과 대견함을 느꼈다. 처음 보는 벼꽃도 신기하기만 할 테다.

벼꽃
김정효 (장승초 6학년)

논에 가 보니
벼가 많이 자랐다.
벼꽃이
보라색 꽃인 줄 알았다.
근데 애들이
가리키는 쪽을 보니
하얀색이다.
그게 벼꽃이다.
벼에서 꽃이 핀다니 신기하다. (2012. 8. 23)

장승 아이들 가운데 도시에 살다가 전학 온 아이들이 참 많다. 농사라고는 장승학교에 와서 처음 지어보는 아이들이 대부분이다. 이 아이들이 벼꽃을 본 적이 있을 리 없다. 날마다 먹는 쌀이 이렇게 작고 예쁜 꽃에서 열매를 맺는 것인지 모르는 아이들이 참 많을 것이다. 책으로는 봤을지 몰라도 직접 눈으로 벼꽃을 본 아이들이 몇이나 될까. 더군다나 내가 직접 심은 모가 벼가 되어 자란다고 생각하면 얼마나 마음이 든든할까.

벼 베기

손금결 (장승초 2학년)

벼를 쓱싹 쓱싹

잘라 그리고

느낌이 좋네

벼를 잡고 낫으로

쓱싹쓱싹 (2013. 10. 16)

학교에서 선생이 뜻 있는 일을 해보려고 해도 뜻과 다르게 포기하는 일들이 참 많다. 무언가 마음을 냈다가도 한 번 기가 꺾이면 다음부터는 '에이, 어차피 안 되겠지.' 하고 포기하게 된다. 아이들에게는 용기를 내 안 되는 일도 도전하라고 하면서 정작 선생들이 무엇을 하려고 하면 주저앉는다. 아마도 벼 베기도 그러지 않을까 싶다. 제일 걱정하는 일. "사고 나면 어떻게 하려고 그래? 사고 나면 책임질 거야?"

이 말을 듣는 선생의 마음은 어떨까. 아이들에게 좋은 경험을 해주고 싶어서 용기를 내었다가 이내 접고 만다. 콤바인으로 벼 베기를 하지 않고, 낫으로 하는 것은 생각해보면 아주 위험한 일이다. 물론 다칠 수도 있다. 하지만 낫으로 직접 베어서 볏단을 쌓는 경험은 얼마나 귀한 일인가. 직접 손모를 심고, 피를 뽑기도 하며, 벼꽃이 피는 과정도 살피고, 탈곡하고 난 쌀을 말리고, 방앗간에서 찧는 일까지 한다면 벼의 한살이를 제대로 살피는 일이다.

쓱싹쓱싹 낫질을 해보지 않고는 이런 느낌이 글일 뿐이다. 하지만 낫질을 해본 아이들이 이 말이 그냥 들리지는 않을 게다.

바빠도 좋겠다
윤일호

시골로 이사 온
영토네 식구들

마당 한쪽에 진돗개 두 마리
닭 열 마리
오리도 두 마리 덤
이웃에서 분양받은
새끼 고양이 한 마리
작은 텃밭에
오이, 고추, 상추, 토마토

영토네 식구들
참 바빠졌다.

바빠도 좋겠다.
얼굴빛 다들 환해졌으니.

학교 둘레 우정마을에 이사 온 지 세 해가 되었다. 마당 텃밭에 채소도 키우고, 동물도 여러 마리 키우면서 식구들 삶도 많이 달라졌다. 아이들 넷은 시골에서 사는 법을 나름 터득해 가고 있다. 사람도 많지 않은 시골 마을에 살면서 저마다 자신이 좋아하는 일을 스스로 찾아가고 있다.

물론 나도 그렇다. 도시의 삶에서 상상할 수 없는 일들이 참 많다. 텃밭도 가꾸고, 동물들 밥도 챙기고, 마당에 올라오는 풀도 베야 한다. 며칠만 관심을 주지 않아도 금세 표시가 난다. 시골에 사는 것, 농사짓고 사는 것이 만만치 않지만 포기하고 싶지는 않다.

맞아도 안 젖는 벚꽃 비

3월이 돼도 진안은 제법 춥다. 그래도 어김없이 봄소식은 온다. 학교 옆에 있는 용마봉은 음지인데 음지를 좋아하는 얼음새꽃(복수초)이 제일 먼저 봄을 알린다.

아이들과 봄을 살피기 위해 공책과 연필을 들고 학교 둘레 냇가인 세동천으로 나갔다. 밖에 나가면 아이들과 함께 살필 공부거리가 참 많다. 세동천은 세동천대로, 용마봉은 용마봉대로 각각 다른 빛깔로 봄소식을 전한다.

세동천에서는 예전부터 봄이면 버들강아지를 볼 수 있었다. 요즘은 냇가마다 다 파헤치고 공사를 해서 옛날 그대로 유지한 곳이 별로 없는 편인데 그나마 세동천은 파헤치지 않아 버들강아지도 볼 수 있다. 그런데 얼마 전 세동천도 공사를 했고, 지금은 아쉽게도 버들강아지를 찾아볼 수 없게 되었다. 자연 그대로 보존하는 것이 얼마나 귀한지는 먼저 개발된 곳이 어떻게 되었는지 보면 쉽게 알 수 있을 텐데 아쉽기만 하다.

버들강아지는 겨울에도 나뭇가지에 작은 번데기처럼 뽀송뽀송하게 붙어 있다. 이렇게 붙은 것들이 봄이 되면 마치 부풀어 오르듯 점차

커진다.

　조금 춥기는 하지만 봄바람이 살랑살랑 부는 길섶에 앉아 분위기를 잡고 어린이 시집에 나온 버들강아지 시를 읽어주었다. 강아지풀처럼 강아지라는 이름이 들어가서인지 어떻게 생겼는지 궁금하다는 눈치다. 강아지와 비슷한 느낌으로 받아들이는 듯하다.

버들강아지
이가현 (장승초 3학년)

난 오늘 버들강아지를 처음 보았다.
처음에는 진짜 강아지인줄 알았다.
처음 보니 신기했다.
보들보들 보들보들
생김새가 강아지풀과 비슷하다.
나뭇가지에 강아지풀과 비슷한 게
달려 있다.
부드러웠다. (2014. 3. 17)

　가현이는 자세히 살피고, 특징을 잘 잡아 그림 그리기를 좋아하는 아이다. 무엇을 하든 야무진 편이다. 통학 차를 타고 전주에서 다니던 가현이는 두 해 전에 학교 둘레로 이사 왔다. 바로 학교 앞에 살아서 아이들이 하교하고 나면 운동장에서 동생들과 자전거를 타고 놀거나 학교 둘레에서 뛰어놀기도 하는데 어둑어둑해질 때까지 논다. 가현이가 동생 둘과 마음껏 뛰노는 모습은 참 귀해 보인다.

자세히 살피지 않고는 쓸 수 없는 시다. 새로운 것을 발견한 것처럼 가현이는 버들강아지를 마음에 담았다. 가져온 공책에 버들강아지를 그리더니 궁금했는지 똘망똘망한 눈으로 버들강아지 옆에 앉아서 보송보송한 털을 만져보기도 하고, 얼굴에 부비기도 한다. 그리고 금세 공책에 시를 쓰기 시작한다. 아이들은 저마다 "느낌이 참 좋아.", "생각보다 부드럽기도 해.", "꺾어 가면 안 돼요?" 하고 말한다.

버들강아지

박성현 (장승초 3학년)

친구들이랑 버들강아지를
처음 보았다.
부드럽다.
강아지 꼬리랑 비슷하다.
볼에 대면 간지럽기도 하고,
조금 까칠하기도 하고,
부드럽기도 하다.
기분이 좋았다.
집에 가져가려고 챙겼다.
교실에 올 때
황소개구리를 보았다. (2014. 3. 17)

버들강아지를 만져본 느낌이 비슷했을 텐데 아이마다 표현하는 게 달랐다. 어떤 아이는 아기 피부 같다고 하고, 어떤 아이는 송충이 같다고 하고, 어떤 아이는 매끈매끈한 것이 집에서 키우는 고양이 꼬리 같다고도 한다. 성현이는 강아지 꼬리가 생각났나 보다.

대체로 생각은 경험에서 나오는 경우가 많다. 그래서 좋은 느낌, 존중받고 배려하는 경험이 귀하고 소중하다. 내가 겪은 것들이 곧 내 생각을 만드는 것이다.

성현이가 버들강아지를 볼에 대보더니 활짝 웃는다. 그 느낌을 놓치지 않고, 그 순간을 잡아서 공책에 바로 썼다. 자기에게 좋았던 것은 다른 사람에게 보여주고 싶은 마음도 크다. 그것이 아이들 마음이다.

벚꽃
박선후 (장승초 3학년)

벚꽃 벚꽃 흘러내린다.
벚나무 위에서 흘러내린다.
눈꽃처럼 생긴 벚꽃
봄이 겨울 같네. (2014. 4. 16)

아침 활동으로 곰티로를 걸었다. 진안이나 전주로 가는 신작로인 소태정 고개가 생기기 전에 무진장(무주, 진안, 장수)에 사는 사람들은 모래재로 다녔고, 그 전에는 곰티재로 다녔다고 한다. 그 곰티재와 모래재가 만나는 길목에 바로 장승학교가 있다. 이름 그대로 그 옛날에 장승이 이정표 역할을 했듯 장승들이 있던 그 자리에 학교가 있는 것이다.

그길에 펼쳐진 벚꽃 길은 그야말로 장관이다. 2차선 양쪽 길섶으로 심은 지 30년 정도 되는 벚나무들이 쭉 늘어서 있다. 벚꽃 핀 그 길을 바라보노라면 '참 예쁘다'는 말이 절로 나온다. 남들은 일부러 벚꽃 구경하러 먼 곳으로 간다는데 학교 앞에 이렇게 좋은 길이 있으니 얼마나 반갑고 좋은가. 이 벚꽃 길이 더 특별한 것은 다른 지역 벚꽃이 다 지고 '아, 이제 벚꽃도 다 졌구나.' 생각할 때쯤 학교 앞 벚꽃이 피기 시작한다는 것이다. 우리만 따로 좋은 것을 맛보는 기분이랄까.

다른 사람들이 걷지 않은 벚꽃 길을 걷는 기쁨은 자유이고 행복이다. 벚꽃이 바람에 날리는 길을 삼삼오오 모여서 걸으면 모두 영화배우가 된 느낌이다. 향기에 취해 낭만이 자연스러워지고, 여유도 몸에 익숙해진다. 어떤 것에도 구속받지 않는 편안함이 다가온다. 또 떨어지는 벚꽃에 나를 맡기기도 한다.

봄에 핀 들꽃을 보는 재미도 쏠쏠하다. 아이들과 길을 지나면서 이름 모를 들꽃 가운데 관심 가는 꽃은 손전화로 찍어 두었다가 책에서 찾아보기도 하는데 몰랐던 꽃들은 '어? 이게 그 꽃이구나.' 하고 하나씩 알아가는 재미가 쏠쏠하다. 곰티로에는 특별히 광대나물, 제비꽃, 애기똥풀 그리고 달래가 참 많다. 지나면서 이름 모르는 들꽃이 더 많기는 하지만 그냥 보는 것만으로도 행복하다.

벚꽃 길을 달리는 아이도 있고, 들꽃에 빠진 아이도 있다. 벚꽃을 따서 머리에 꽂아보는 아이들도 있고, 냇가에 모여들어 흐르는 물을 바라보는 아이도 있다. 자주 걷는 길이지만 벚꽃이 흐드러지니 다른 길처럼 느껴지기도 한다. 마치 천국으로 가는 길처럼 말이다. 벚꽃이 바람에 날리는 모습은 정말 아름답다. 그래서 어느 시인은 벚꽃을 녹지 않는 눈이라고 비유했을까?

가만히 흩날리는 벚꽃을 보고 있으면 선후가 왜 흘러내린다고 표현했는지 알 것 같다. 쭉 펼쳐지는 장면이 꼭 영화 파노라마의 한 장면처럼 흘러내리는 것만 같다. 선후는 아이들과 벚꽃을 보며 겨울이면 진안에서 흔히 볼 수 있는 눈꽃을 생각했을 테고, 눈꽃이 예쁘게 핀 겨울나무를 생각했을 것이다. 4월 봄날인 것은 맞지만 벚꽃은 얼핏 1월의 눈꽃과 크게 다르지 않다. 4월 초에도 가끔 눈이 내리는 이곳에서 벚꽃은 마치 눈꽃처럼 느껴진다.

벚꽃 비
배소영 (장승초 3학년)

아름다운 벚꽃 비
맞아도 안 젖는 벚꽃 비
부드러운 벚꽃 비
예쁜 벚꽃 비 (2014. 4. 15)

"얘들아, 이제 돌아가자."라는 말에 아이들은 아쉬워한다. 돌아가는 길은 같은 길인데도 또 다른 느낌을 준다. 아이들 관심도 다르다. 갈 때는 벚꽃과 들꽃에게, 올 때는 냇가와 저 멀리 산을 본다. 그러고 보니 봄 산 참 예쁘게 다가온다. 어우러짐, 아름다움. 가을과는 전혀 다른 느낌이다.

소영이가 지나가다가 나를 보고 "킹콩, 벚꽃은 맞아도 젖지 않아요." 한다. '그래, 그렇구나. 정말 맞아도 젖지 않는구나.' 하고 맞장구

쳤다. 몸으로 겪어보지 않고 이렇게 생생한 말이 나올 수 있을까. 벚꽃을 보고, 눈을 생각하고, 비를 생각하니 참 그렇다 싶다. 장사꾼과 구경꾼들로 북적이는 관광지 벚꽃 길을 걷는 느낌과는 다를 수밖에 없다. 벚꽃이 비가 될 수도 있고, 눈이 될 수도 있다. 아이들의 상상은 허무맹랑한 것에서 나오는 것이 아니라 좋은 경험과 좋은 느낌에서 나오는 것이다.

한참을 걸으면서 행복에 대해 생각해본다. 그냥 벚꽃 길을 걷는 것으로도 좋고, 좋은 사람들과 함께할 수 있어서 좋고, 좋은 아이들과 학부모, 동료 선생들과 인연이 되어서 참 좋다. 진정한 가르침이 책으로만 일어날 수 없듯이 거창한 내용으로 포장하지 않아도 있는 그대로 아이들과 몸으로 부대끼며 살다 보면 그 안에서 깨침이 있겠다 싶다.

목련
이다섭 (장승초 2학년)

엄마, 저게 무슨 꽃이야?
목련
와~ 정말 예쁘다~
목련에 취했네. (2011. 4. 17)

저학년 아이들일수록 질문이 많다. 하지만 학년이 올라갈수록 질문이 줄어든다. 아이마다 생각이 다르고, 문제의식도 다르기 때문에 아이마다 가진 질문은 다 의미가 있다. 질문은 머리로 무엇인가를 생각하고, 그 생각을 꺼내어 이야기하는 것이다. 그래서 아이들과 활동할 때 궁금해 하고 질문을 주고 받으면 활동도 자연스레 즐거워진다.

다섭이는 질문이 많고, 호기심이 넘치며 몸으로 움직이는 것을 좋아하는 아이다. 장승학교 뒤편으로 큰 목련나무 한 그루가 있는데 활짝 핀 하얀 목련이 예뻤던 모양이다. 궁금해서 엄마에게 물으니 목련이란다. 이름보다는 예쁜 꽃이 무엇보다 마음에 들었을 게다. 그런데 목련에 취했다니. 마지막 행의 취했다는 표현이 좋았지만 무엇보다 장난기 가득한 표정으로 목련꽃을 따서 향기를 맡아보기도 하고, "아~ 향기 좋다." 하고 장난스럽게 말했을 다섭이 표정이 떠올라 시를 보자마자 웃음이 나왔다.

아카시 꽃
김용성 (장승초 3학년)

열매처럼 달린 아카시 꽃
냄새는 딱 꿀 냄새고
꽃을 떼어서 끝을 빨으니 꿀맛
꽃봉오리도 아작 씹으면 꿀맛
근데 준혁이가 웬 애벌레를
독나방 애벌레라고 장난친다.
차가 왔다갔다
우리 반이 왔다갔다. (2014. 5. 13)

지나가는 봄을 아쉬워하는 꽃들이 눈에 들어온다. 모래재를 넘어오다 보면 축 늘어진 아카시 꽃이 그랬고, 찔레꽃이 그랬다.

첫 시간이 국어 시간이어서 학교에 온 아이들에게 지나가는 말로 "오늘은 국어 시간에 특별한 꽃을 보러 갈 건데 혹시 이 꽃이 무슨 꽃인지 알아?"

"아카시아 꽃요."

5월이면 지나는 길목마다 아카시 꽃향기가 만발하니 아이들은 금세 안다. 시골 아이들은 길섶으로 난 들꽃이나 산에 핀 꽃의 이름을 제법 안다. 어떤 때 보면 나보다 더 많이 안다.

"그려. 니들이 부르는 아카시아 꽃은 아카시 꽃이여."

아이들이 아카시아 꽃으로 알고 있는 그 꽃은 아카시 꽃인데 동요 〈과수원 길〉에서 아카시아 꽃으로 잘못 쓰이는 바람에 많은 사람들이 그렇게 알고 있는 경우가 많다.

"그럼 혹시 이 노래 알지? 지난번 음악 시간에 배웠잖아. 찔레꽃이 하얗게 피었다오. 누나 일 가는 광산 길에 피었다오. 찔레꽃 이파리는 맛도 있지. 남모르게 가만히 먹어 봤다오~."

일제 때 광산에 일하러 간 누나를 기다리며 찔레꽃을 따먹는 아이의 삶은 지금 아이들이 상상할 수도 없겠지만 그래도 찔레꽃에 얽힌 이야기를 나누고 싶었다. 그리고 노랫말에 나온 것처럼 찔레꽃과 찔레꽃 이파리도 따 먹어보고 싶었다. 찔레 순을 먹어본 아이가 있기는 했지만 대부분 아이들은 찔레를 잘 모른다.

찔레꽃과 아카시 꽃을 만나러 모래재 능선으로 열서너 명의 아이들을 실어 날랐다. 차 창문을 활짝 열고 메타세콰이어 길을 지나 시원한 봄바람을 느끼며 콧노래를 부르면서 아이들과 함께 가는 길이 참 좋았다. 오고가는 차들이 있어서 조심스럽기는 하지만 그래도 가까운 곳에 찔레꽃과 아카시 꽃을 한꺼번에 보기에는 모래재만 한 곳이 없다. 이제 며칠이 지나면 아카시 꽃은 다 시들 것이다. 오늘이 딱 좋다.

아카시 꽃잎
송채인 (장승초 6학년)

"저기 아카시 꽃잎 떨어진다."
선생님 말씀에 고개를 드니
아카시 꽃잎이 하나씩 하나씩
예쁘게 떨어진다.
내일모레면 진다고 하는
마지막 꽃잎을 보는 나는
참 행복하다. (2012. 5. 21)

어떤 때 보면 아이들 직관력은 위대한 시인도 따라갈 수가 없다는 생각이 들 때가 있다. 있는 그대로 쓰기만 했는데 훌륭한 시가 될 때가 있다. 뭐라 해도 최고의 시인이다. 하지만 아이들은 교과서를 보고 배우면서 점점 자신감을 잃고, 어른들이 쓴 동시를 흉내 내기 일쑤다. 있는 그대로만 써도 더 이상 바랄 것이 없는데도 말이다.

"그냥 너희들이 보고 듣고 느낀 대로 쓰면 되는 거야. 꽃의 모양이 어떤지, 향기는 어떤지 자세히 살피고 살핀 것을 그대로 쓰면 돼."

아이들은 종이와 연필을 가지고 모래재 중턱에서 찔레꽃 향기를

맡아보기도 하고, 찔레꽃 이파리와 꽃을 먹어보기도 한다. 한참을 찔
레꽃과 함께하더니 "별로 맛이 없어요.", "생각보다 진짜 별로다." 한
다.

그러고는 바로 밑에 있는 아카시 꽃으로 갔다. 그래도 아카시 꽃향
기는 참 좋으니 그나마 낫다. 아이들에게 아카시 꽃 한 송이씩을 따
주었다. 먹는 아이도 있고, 향기를 맡는 아이도 있다. 그렇게 아이들
은 잔인한 4월을 보내고, 봄의 마지막 5월을 보내고 있다. 아이들은
도로에 앉기도 하고 길옆에 기대어 저마다 시를 쓴다.

찔레꽃
최지은 (장승초 3학년)

찔레꽃은 예쁘다.
근데 꿀이 없다.
주의할 것은
가시가 있다. (2014. 5. 16)

저학년 아이들이 쓴 시를 보면 아주 간단한 데도 '그래. 바로 네 말
이 맞아.' 하고 공감하는 시가 참 많다. 지은이 시도 그렇다. 짧지만
'그래, 꿀이 없어. 그리고 찔레꽃은 가시를 조심해야 해.' 하고 말이다.
지은이는 연필을 바르게 잡고 글씨 쓰는 것을 조금 힘들어하는 편이
었다. 연필 잡고 쓰는 것도 힘든데 글쓰기는 더더욱 힘들어했다. 그
래서 대부분 글이 짧다. 일기도 그렇고, 시도 그렇다. 그래도 "지은
아, 길게 안 써도 되니까 네가 생각할 때 또렷한 특징 한두 가지를

잡아서 써 봐." 하면 오히려 길게 쓰는 줄글보다는 오롯한 지은이 생
각을 담은 시를 곧잘 쓴다.

꿀꽃
강산들 (장승초 5학년)

길모퉁이 꿀꽃
엄마랑
산을 넘어 집에 갈 때
쉬면서 먹었던 달디단 꿀꽃
그 작은 이파리에
조그맣게 달려 있는 꿀꽃
이제는
학교에서 어울려 먹는
꿀꽃
그 달디단 꿀꽃 (2011. 6. 7)

산들이는 5학년 때 전학왔다. 대부분 아이들이 전주에서 오거나
진안 읍내에서 전학 온 아이였는데 산들이는 진안에 있는 다른 면
학교를 다니다가 장승학교로 왔다. 혼자 군내버스를 타고 다녔다. 아
침에는 오는 차 시간이 맞아서 시간에 맞게 등교하는데 집에 갈 때
는 시간이 맞지 않아 읍내까지 통학 택시를 타고 간 다음 군내버스
를 타고 집에 가야 했다. 그런데도 학교 오는 것을 즐거워했고, 자기
생각이 또렷한 올곧은 아이였다.

가장 기억에 남는 일이 있는데, 11월 11일이면 빼빼로 데이라고 아이들끼리 빼빼로를 주고받았다. 그런데 어린이 다모임에서 산들이가 "빼빼로 데이는 원래 존재하지 않았던 것입니다. 언제부터 빼빼로 데이가 생긴지는 모르겠지만, 장사꾼들의 상술에 우리가 놀아나는 것이기 때문에 학교에 빼빼로를 가져오는 것은 좋지 않다고 생각합니다." 하는 것이다. 웬만한 어른보다 더 바른 생각을 이야기했다. 어린 줄로만 알았는데 자기 주장을 또렷하게 말하는 게 멋있어 보였다.

학교 둘레에 꿀꽃이 참 많다. 흔한 꽃이기도 하고, 꿀을 빨아먹으면 단맛이 있어서 아이들이 좋아한다. 산들이는 엄마와 친하게 지낸다. 엄마와 친구처럼 유독 다정하다. 산들이 엄마도 생각이 좋은 분이셔서 아이 하나인 산들이를 존중하고 아이의 생각을 잘 들어주려고 노력한다. 다정한 모자가 산길을 걸으면서 이야기도 나누고 길섶에 핀 꿀꽃을 따먹는 모습이 눈에 선하다.

코스모스

김하겸 (송풍초 5학년)

학교 차를 타고
집으로 가는 길이다.
창문 앞 코스모스를 보니
차 바람 때문에
살랑살랑 흔들거린다.
마치 날 마중 나와
인사하는 것 같다.

코스모스를 보는 순간만은
내가 왕이 된 것 같다. (2007. 10. 17)

코스모스가 흔들거리는 한적한 시골길. 하겸이가 학교를 마치고 집으로 가는 길에 학교 차 안에서 쓴 시다. 하겸이가 사는 마을은 용담면 소재지에서도 차로 15분 정도 가야 하는 열 가구도 되지 않는 아주 작은 마을이다. 용담면에 있는 송풍초는 전교생이 스무 명도 되지 않는다. 5학년 같은 반 학생이 넷. 여자아이 하나, 남자아이 셋이다.

집에 가도 마을에 하겸이 또래 친구는 아무도 없다. 기껏 그 마을 아이들이라고 해 봐야 넷밖에 안 된다. 그래서 학교를 오가는 길에 흔들거리는 코스모스는 하겸이에게 친구가 되기도 하고, 마음으로 이야기를 나누는 대상이 되기도 한다.

코스모스
최정안 (송풍초 6학년)

하얀색, 빨간색, 분홍색
코스모스 꽃들이
도로가에 활짝 피어 있다.
코스모스 중에서 하얀색 코스모스는
뭔가 마음에 땡기고 제일 예쁘다.
왜 하얀색이 마음에 땡기는 건가.
하얀색 코스모스를 보면

왠지 모르게 기분이 좋아진다. (2005. 9. 9)

*땡기고 : 와 닿고

정안이. 잊혀 지지 않는 아이다. 유난히 많이 혼났던 아이다. 아이들을 괴롭혀서 아이들 사이엔 경계 대상 1호였다. 하지만 누구든 알고 보면 괜찮은 면이 있듯이 정안이도 마음이 따스한 아이였다. 늘 혼내고 나면 미안한 마음이 컸다.

초등학교를 졸업하고, 몇 해가 흘러 학교에 온 적이 있는데 오토바이를 타고 왔다. 다니던 고등학교를 그만두었다고 했다. 학교 그만둔 것이 흠은 아니지만 마치 내가 많이 혼내서 그렇게 된 것 같다. 아이들에게 조금이라도 안 좋은 일이 있으면 왠지 내가 잘못해서 그런 것처럼 마음이 불편할 때가 한두 번이 아니다. 더군다나 내가 만난 아이들 수가 큰 학교처럼 많지 않아서 아이 한 명, 한 명이 나에게는 참 크게 느껴진다.

그해에 같은 반 아이들이 여섯이었으니 다른 반에 비해 많은 편이었다. 아이들하고 날 좋으면 밖으로 많이 걸었다. 말수가 별로 없던 정안이는 코스모스 길 걷는 것을 참 좋아했다. 하얀색 코스모스가 그냥 좋다고 했다.

벚꽃과 벚꽃
윤일호

벚꽃이 바람에 날리는 날
벚나무 아래

운주와 소영이가
벚꽃 구경을 하며 걸어요.
— 와, 꽃눈이다.
— 아니야, 꽃비야.
티격태격하다가
또, 꽃구경을 하다가
— 벚꽃의 벚은 'ㅈ'이야.
— 아니거든? 'ㅅ'이야.
벚꽃일까, 벗꽃일까
말다툼을 하다가

벚꽃이 바람에 날리는 날
나란히 걸으며
운주와 소영이는
벚꽃과 어울리어
벚꽃이 되었어요.

꽃은 참 사람 마음을 따스하게 한다. 꽃이란 말을 들으면 기분이
좋아지고, 향기가 나는 것만 같다. 얼음새꽃이 피면 용마봉에 올라
가 아이들과 함께 노랗게 핀 얼음새꽃을 살피고, 버들강아지가 냇가
에 피면 아이들과 구경 가고, 벚꽃이 바람에 날리는 날에는 함께 길
을 걷고, 아카시 꽃과 찔레꽃이 핀 모래재를 따라 걸으며 꽃향기를
맡고, 쭉 펼쳐진 코스모스 길을 따라 아이들과 함께 걷는다. 아이들
곁에서 함께 배우며 놀면서 나도 아이들을 따라 시를 쓰게 되었다.

시 마음은 근사한 말로 꾸미지 않아도 아이들 곁에서 함께 살다 보면 조금씩 닮아가나 보다.

　운주와 소영이가 벚꽃 길을 걸으며 다정하게 이야기를 주고받는 모습이 하나도 빠뜨릴 수 없는 바로 시 그 자체였다. 나도 함께 걸으며 아이들 마음이 되었다. 벗이 되었다.

우리 반 여자애들,
생리하잖아요

2학기 개학을 하고 아이들과 공부를 계획하고, 미리 이야기를 나눈 다음 세 차례 정도 공부를 했다. 정확히 말하면 아이들이 공부 시간에 수업을 진행하고, 나는 도와주는 도우미 역할을 했다.

"이번 주에 우리 반에서 혁철이와 다인이 그리고 민이가 수업 진행했지? 어땠어?"

"새롭기도 하고, 애들이 진행하는 게 좋았어요."

"아이들이 준비를 많이 해서 놀라기도 하고 정말 재미있었어요."

아이들 반응은 대체로 좋은 편이었다. 그도 그럴 것이 주로 아이들이 좋아하는 게임을 공부 과목과 연결해서 진행했다. 혁철이는 한창 텔레비전에서 인기를 끌었던 런닝맨 게임을 이용했는데 준비한 쪽지에 미션과 점수를 적은 다음 학교 곳곳에 뿌렸다. 아이들은 교실에 있다가 쪽지를 찾으러 나갔는데 쪽지를 주워온 아이들은 수학 문제를 해결해야 했다. 그 수학 문제를 내는 사람은 바로 나다. 쪽지를 들고 온 아이들마다 수준에 맞게 1학기 동안 배웠던 수학 문제를 내면 아이들이 해결하는 식이었다. 덕분에 나는 내가 진행하는 다른 공부 시간보다 더 바빴다.

우리 반 아이들은 1학기 때부터 금요일에 다음 주의 시간표를 모둠별로 돌아가면서 짜고 있다. 전담 수업 시간은 그대로 두고 일주일 해야 할 교과 시간 수에 맞게 수업 시간표를 자유롭게 배치하는 것이다. 조삼모사랄 수도 있겠지만 아이들은 스스로 짜는 시간표가 참 마음에 드는 모양이다. 금요일 아침이 되면 시간표를 갖다 모둠 책상에 올려놓고 과목별 붙임 딱지를 이리 붙였다가 저리 붙였다가 신이 난다.

오늘은 시간표를 보니 오전 내내 국어다.

국어 네 시간을 붙여놓으니 그 시간 동안 무얼 할까 고민하다가 아이들 사이에 벌어지는 여러 문제들에 대해 이야기를 나누면 좋겠다는 생각이 들었다. 아이들 사이에는 하루에도 수많은 일들이 벌어지지만 사실 교사가 제대로 눈치채고 돕는 경우는 그리 많지 않다. 시시콜콜 모든 일에 참견하고, 해결사 노릇을 하자는 게 아니라 눈감고 못 본 척해서는 안 되는 일들에 대해 함께 생각해 보고 이야기를 나누자는 뜻이다.

종이 울리고 1묶음이 시작했지만 나는 뜸을 잔뜩 들인 후에야 보드펜으로 '고정관념'이라고 적었다. 아이들은 국어 시간인데 국어 공부는 안 하고 웬 '고정관념?' 하는 눈치다.

"내가 일방으로 하는 수업에서 생각을 바꿔 여러분도 선생님이 되어보니 재미도 있고 좀 더 색다른 느낌이 들잖아."

보드판에 달걀 하나를 그렸다.

"콜럼버스라는 사람 알아? 그 사람이 이렇게 말해. 달걀의 뾰족한 부분을 탁자 위에 세우라고."

그리고 콜럼버스에 얽힌 달걀 이야기를 했다. 누구나 할 수 없는 일이라 생각하지만 알고 보면 누구나 할 수 있는 일. 콜럼버스라는 사람 자체의 옳고 그름보다는 그 사람이 하고자 했던 출발은 고정관념을 깨고자 하는 노력에서 나오지 않았을까 싶다.

이어서 정체 모를 울퉁불퉁한 동그라미를 하나 그렸다. 아이들은 저게 뭐지 하는 눈치다. 그리고 가운데 선을 하나 그었다. 그 옆에 우리나라 지도를 그린 뒤, 38선도 또렷하게 그렸다.

"킹콩이 지금 두 개의 지도를 그렸지요? 이건 왜 그렸을까?"

뜬금없는 질문에 고정관념이랑 무슨 관련이 있는지 황당한 표정이다.

"38선은 어디에 있지요?"

너무 뻔한 질문이다.

"38선은 어디를 나누고 있지요?"

아이들은 누구보다 잘 알고 있다.

나는 우리나라 지도 옆에 그린 울퉁불퉁한 지도를 가리키며

"여러분이 보고 있는 것은 독일 같지 않겠지만 독일 지도예요. 독일이 통일된 거 알고 있지요? 동베를린과 서베를린 장벽도 잘 알고 있을 거예요. 그런데 베를린은 어디에 있을까?"

잠시 주춤했다. 우선 6학년 아이들이 알기에 조금 어려울 수도 있겠다 싶다. 그래도 몇 아이들이 어디선가 들었는지 "킹콩이 아래로 선 그은 가운데 있겠죠." 한다. 울퉁불퉁한 동그라미 가운데 작은 동그라미를 그렸다.

"그러면 오른쪽이 동베를린, 왼쪽이 서베를린이 되겠네요?"

별로 이상할 게 없다. 모두 그럴 듯하니까. 동의하는 눈치다. 우리

가 살아온 삶이 그랬다. 38선은 늘 한가운데를 갈랐다고 생각했고, 그것이 우리 삶에 익숙하니까.

"정말 그럴까요?"

한마디 말에 아이들은 금세 아닌가 하는 표정으로 서로를 바라본다. 그러고 나니 저마다 "오른쪽에 있어요.", "왼쪽에 있어요." 한다.

6학년 아이들이 태어나기도 전에 통일이 된 독일의 역사를 아이들이 알기에는 무리이기는 하다.

"베를린은 옛 동독의 한가운데에 있었어. 그 베를린 가운데 여러분들이 잘 알고 있는 장벽을 친 거지. 그런데 우리나라 사람들은 늘 머릿속에 38선을 생각하고 있으니 베를린도 아마 동독과 서독의 가운데 있을 거라고 많은 사람들이 생각한다는 거지."

처음 듣는 말이기도 하겠지만 잘 모르는 말을 해주니 새로 안 사실을 알았다는 표정이다.

"아마도 베를린을 다녀온 사람들이나 관심이 많은 사람들을 빼고 우리나라 대부분 사람들은 베를린이 동독의 한가운데에 있다고는 생각하지 못했을 거야. 물론 나도 그곳에 직접 가보기 전까지 그랬고."

아이들이 했던 수업에서 출발해 고정관념은 독일에까지 이르렀다.

"그만큼 우리가 옳다고 생각했던 것들이 옳지 않을 수도 있는 거지."

늘 옳다고 생각했지만 그렇지 않은 것들을 만날 때 우리는 신선한 충격을 받거나 내가 가진 앎이 별 볼일 없다는 생각에 겸손해지기도 한다.

"이 이야기를 꺼낸 것은 저마다 가지고 있는 고정관념을 우리가 각자 깼으면 좋겠다는 바람 때문이야. 누구는 어떻고, 누구는 어떻다는 편견을 깨고 싶은 거지."

더 먼 이야기까지 흘렀다. 용담학교에 있을 때 다른 선생님들이 전부 양복을 입을 때 반항하듯이 생활한복을 입게 된 이야기, 초등학교 교사와는 어울리지 않게 머리를 기르고 묶고 다녔던 이야기, 아이들이 선생이라고 부르는 것이 싫어서 그냥 킹콩이라고 부르게 했던 이야기까지 흘러갔다.

"여러분들이 가지고 있는 편견이나 깨고 싶은 고정관념에 대해 이야기해 볼 수 있을까?"

아이들은 선뜻 손을 들지 않고 한참을 두리번거렸다. 그도 그럴 것이 쉽게 손을 들고 이야기할 수 있는 주제는 아니다. 한참이 지난 후에 민이가 손을 들었다.

"저도 늘 생각하고 있던 게 있는데요. 애들이 알고 있으면서도 이야기를 안 할 것 같아서요. 생리에 대한 이야기예요. 지난번에 제가 생리할 때 바지에 피가 좀 묻었거든요. 그런데 남자애들이 그걸 보고 수군거리고, 흉보는 것 같았어요. 그것도 고정관념이거든요. 여자라면 누구나 생리하는 거고, 그렇게 실수할 수도 있는 건데 그걸 가지고 놀리고 수군거려서 기분이 엄청 나빴어요. 그리고 생리대를 왜 숨어서 줘야 하는지 모르겠어요. 창피한 게 아니잖아요. 당당하게 주고받았으면 좋겠어요. 여자애들도 말은 안 하지만 그런 생각을 가지고 있을 거예요. 그것도 고정관념이고 편견이잖아요."

참 당당하게 이야기한다. 여자애들 눈이 똥그래졌다. 남자애들도 '먼 저런 말을 한데?' 하는 표정이다. 나도 놀랐다. 꺼내기 쉽지 않은 말인데 거침없이 내뱉었다.

"그래, 민이가 좋은 이야기했다. 그것도 고정관념이네. 우리나라 사람들은 성에 대해 고정관념이 더 강한 것 같아. 남자는 이래야 하고, 여자는 저래야 하고."

"우리 반 여자애들, 생리하잖아요."

민이가 거침없이 말했다.

"맞아, 우리 집에서도 민이가 처음 생리 시작했을 때 건강하게 잘 자라고 있는 거니까 축하 잔치를 해줬거든. 그건 부끄러운 게 아니야. 남자들도 조금 지나면 목소리가 변하잖아. 그리고 털이 나기 시작해. 좀 더 지나면 몽정도 하고."

생리 이야기

윤민 (장승초 6학년)

고정관념에 관한 이야기를 한다.

할 얘기가 있으면 하라고 한다.

나는 사실 하고 싶은 이야기가 있다.

생리 이야기인데

처음에는 이 얘기를 하면

'다른 애들이 살짝 이상하게 생각하겠지'

하는 생각도 있다.

딱히 이상하다는 생각이 들지 않아

"우리 반 여자애들 생리하잖아요."

다른 여자애들은 눈이 커져서

나를 쳐다보고

좀 신선한 표정이 많다.
그래도 말하고 나니까
기분이 시원하고 좋다.
다른 아이들은 머릿속이 아마
'아, 이거 물어볼까 말까'
그럴지도 모르겠다. (2016. 8. 29)

생리의 고통을 남자들은 겪어보지 않아 모른다. 물론 이럴 때마다 남자들이 하는 말이 있다.

"남자들은 대신 군대 가잖아. 군대도 얼마나 힘든데."

사실 군대와 생리를 견주는 것 자체가 터무니없는 일이다. 물론 군대도 힘들겠지만 청소년기에 시작해서 달마다 일주일 정도씩 이런 고통을 겪는 것을 남자들이 이성으로 이해한다는 것 자체가 불가능이다. 여자아이들은 생리 때에 혹시나 남자아이들이 알까 봐 학교에서 몰래몰래 생리대를 주고받기도 한다. 더군다나 요즘엔 성장이 빨라 중학년에 생리를 시작하는 아이들도 많다. 여교사와 남교사의 대처 방식의 편차는 다소 있겠지만 그럼에도 정작 그 아이들에 대한 학교와 교사들의 배려와 관심은 거의 없는 편이다.

생리
이나영 (장승초 6학년)

나는 생리를 할 때
배가 아프다.

건들면 죽이고 싶다.

그런데

이걸 이상하게 생각하는 사람은

더 죽이고 싶다. (2016. 8. 29)

나영이가 쓴 시를 보고, 그동안 6학년 담임을 여러 차례 하면서 생리하는 아이들 마음을 얼마나 헤아려 보았는지 한참을 생각해 보았다. 학년 초에 여자아이들만 따로 모아서 생리하는 아이들에게 생리 때가 되면 아무도 모르게 살짝 눈빛을 보내라고, 그러면 체육 시간에 내가 표시 나지 않게 하겠다고 하는 정도? 지금 생각해도 참 부끄럽고 부족한 방법이었다. 아이들과 툭 터놓고 이야기했으면 얼마나 좋았을까. 남자들이 생리에 대해 가지고 있는 고정관념이나 편견을 깨는 노력을 나는 얼마나 했나 되돌아보았다.

고정관념에서 출발한 이야기는 성교육 시간이 되었다.

"남자애들은 성기에 털이 나기 시작할 때 아버지랑 목욕탕에 안 가려고 해. 가더라도 손으로 감추고 몸을 움츠리지."

몇 아이들은 키득거린다. 이야기가 나온 김에 또 새로운 이야기로 이어졌다. 보후가 아토피로 힘들어하면서 스스로 마음으로 이건 되고 안 된다고 규정하는 이야기, 전주에서 오고가는 버스 안에서 동완이가 욕을 여러 번 해서 아이들이 동완이를 피하고 멀리한 적이 있다는 이야기, 바둑 21급인 서현이가 바둑 대회에 나가서 아마 2단과 겨뤄서 대등하게 경기한 이야기 등을 했다. 따지고 보면 지금 내 모습을 깨는 것은 어른도 쉽지 않은 일이다. 아이들은 오히려 더 맑고 밝기에 스스로를 깰 수 있는 힘이 있지 않을까.

이야기를 나누는 80분이 언제 갔는지 모르게 아이들 눈빛이 살아 있다. 이야기를 꺼낸 나도 시간이 의심스러울 만큼 금세 지났다.

2학기를 새롭게 시작하니 나도, 아이들도 늘 새로운 생각으로 좀 더 자유롭게 만났으면 좋겠다는 생각이 든다. 내가 고정관념 이야기를 먼저 꺼냈지만 예전 같으면 생각하지 못했을 생리에 대한 이야기를 과감히 던진 민이가 고마웠다.

아이들과 이야기를 나누고 나서 아이들은 어떤 생각이 들었을까 궁금했다. 나름 놀란 아이도 있을 터이고, 아직은 고정관념이나 생리에 대해 충분히 생각할 수 있을 만큼 때가 되지 않은 아이도 있을 터이다.

고정관념
최인겸 (장승초 6학년)

고정관념 이야기를 할 때 윤민이 생리 이야기를 했다. 샘이 어른들도 성에 대한 이야기는 잘 안 꺼낸다고 하셨다. 솔직히 나도 친구들 앞에서 그런 얘기를 하지 못한다. 지금도 하지 못할 것 같다. 그리고 샘이 고정관념 이야기를 해줬다. 나도 한 번도 고정관념을 깰 생각은 거의 안 한 것 같다. 예를 들어 예전에는 남자는 바지만 입어야 한다고 생각하거나 머리는 짧아야 한다고 생각했다. 그런데 생각해보니 자유인 것 같지만 쪽팔릴 것 같다. '해 봐야지.' 하고 생각만 했지 행동으로 옮긴 건 한 번도 없다. 고정관념을 깨는 건 어려운 것 같다. (2016. 8. 29)

우리나라 학교 교육은 사실 툭 터놓고 어떤 이야기라도 나눌 수 있는 분위기는 아니다. 물론 여러 가지 조건도 그렇다. 특히 성에 대해서는 유독 민감하다. 예전부터 자리 잡은 경직된 학교 문화 탓도 있겠지만 얘기해서는 안 될 것 같은 마음, 금기시하는 분위기도 한몫 한다. 인겸이 말처럼 남자는 바지를 입고, 머리는 짧아야 한다는 생각도 굳이 따지자면 고정관념일 수 있다. 무엇보다 어떤 것을 판단하고 생각할 때 이것은 되고, 이것은 안 된다는 한계를 두지 말고 자유로운 생각을 하면 좋겠다. 입으로 아무리 창의성을 부르짖어도 아이들 스스로 경계를 명확히 하면 할수록 창의성은 더 멀어져만 간다.

생리
이산하 (장승초 6학년)

고정관념 얘기를 할 때 선생님께서 거침없이 얘기할 것 없냐고 물었다. 그러자 민이가 손을 들었다. 나는 무슨 얘기를 할지 감이 안 잡혔다. 그래서 얼른 들어보고 싶기도 하고, '나에 대한 이야기인가?' 하고 생각하기도 했다. 그리고 민이의 입에서 아주 생각하지 못한 이야기가 나왔다. 바로 여자애들 생리 이야기다. 난 아직 생리를 하지는 않지만 흠칫했다. 약간 놀란 거 반, 괜찮은 거 반이었다. 그리고 옆에 있는 서현이와 다영이도 조금 놀란 표정이었다. 그리고 민이는 생리 얘기를 하는데 우리 반 여자애들이 생리대를 안 가져와서 빌려주고 할 때 숨기면서 가고, 몰래 준다고 했다. 물론 나도 그걸 목격했다. 그래서 이것 또한 고정관념이라는 생각이 들었다. 그리고 이번 계기로 애들이 더 당당해질 것 같고, 나도 나중에 생리를 한다면 당당하게 말할 수 있을 것 같다. 또 쉬는 시간에 애들끼리 나에게 생리에 대해 조언을 해주어서 고마웠다. 근데 애들이 생리 안 한다고 꼬맹이라고 한다. (2016. 8. 29)

어떤 이야기도 눈치 보지 않고 당당하게 이야기할 수 있는 마음. 우리 교실에서는 늘 그랬으면 좋겠다. 아이들도 민이가 이야기한 것에 대해 놀라기도 했지만 더 당당해질 수 있어서 좋았나 보다. 쉬는 시간에 여자아이 여섯이 모여 생리에 대해 종알거리는 모습이 보인다. 산하는 아직 생리를 시작하지 않았지만 당당한 아이들 틈에서 스스로를 더 귀하게 생각하고, 생리에 대한 두려움을 떨칠 수 있을 것 같다.

소리 나는 대로 쓰시오
윤일호

1학년 2학기 기말고사
국어 12번 문제

밑줄 친 '꿀벌들은'을 소리 나는 대로 쓰시오.

이게 뭐야?
너무 쉽잖아
'위이이이잉~~~.'

본디 아이들은 상상력이 풍부하다. 하지만 자라면서 풍부했던 상상력이 사라지는 경우를 종종 볼 수 있다. 학교 교육은 아이들을 틀 안에 고정시키는 느낌이다. 정답지에 쓰인 답 말고 다른 건 허용이 안 되는 평가. 학교에서 이루어지는 평가는 더욱 그런 느낌이다. 정답이 뻔히 있으니 아이들은 그것만 맞히려고 하지 그 이상을 상상하지 않는다. 그나마 요즘 분기마다, 학기마다 이루어지던 평가가 없어지는 지역도 있고, 평가 방식도 서술 평가나 교사의 자유로운 평가가 시도되는 것이 참 다행스럽다. 굳이 북유럽의 사례를 이야기하지 않아도 아이들의 사고가 자유롭고 상상력이 풍부한 아이로 자랄 수 있도록 우리 나름 학교마다의 빛깔을 찾아갔으면 좋겠다. 시대가 빠르게 변하는 만큼 학교에서 이루어지는 교육 내용과 방법, 시스템도 바뀌어야 한다.

"우리 반 여자애들, 생리하잖아요." 하고 당당히 말하는 민이의 말이 귓가에 맴돈다. 큰 것부터 출발할 것이 아니라 작은 것부터 편견이나 고정관념을 깨고 서로를 조금씩 알아가면 좋겠다.

아이들, 세상을 보다

'세월호' 이야기처럼 제법 깊이가 있는 토론거리로 이야기를 나누고서 아이들과 시를 써 보면 '그래, 맞아. 그렇구나.' 하고 깊은 마음으로 걱정하고, 슬퍼하며 따스한 마음으로 공감하는 아이들을 만날 수 있다. 내가 오히려 아이들이 쓴 시에서 마음의 위로를 받기도 하고, 힘을 얻기도 한다.

2014년 4월 16일 세월호가 진도 앞바다에서 침몰했다. 그날은 참 가슴 아픈 날이자 모두가 잊지 말아야 하는 날이기도 하다. 그날을 기억하자는 의미로 세월호가 침몰한 지 1주기가 되는 2015년 4월 11일에 장승 학부모들, 그리고 우리 반 아이들과 팽목항을 찾아갔다. 한 해가 지나도록 한 번도 찾지 못해 늘 마음 한 구석에 미안함이 가득했는데 드디어 찾게 된 것이다. 네 시간 넘게 버스를 타고 진도로 가는 동안 고속도로 휴게소에서 함께 가는 사람들 모두 그 흔한 아이스크림 하나 사 먹지 않았고, 버스 안에서 말 한 마디도 쉽게 건네지 못했다. 그게 팽목항을 찾는 우리가 갖추어야 할 최소한의 예의라고 생각했다.

울돌목을 지나 진도대교가 보이고, 바다가 보이는데 '아직도 이 바다에 아홉 분이나 남아 있구나.' 하는 마음에 준비해 간 도시락도 제대로 먹지 못했다.

닦아주지 못하는 눈물
이예진 (장승초 6학년)

다 운다.
나도 울고
친구도 울고
선생님들도 울고
다 운다.
하늘도 슬펐는지
하늘도 운다.
수지가 내 눈물을 닦아준다.
그런데 하늘의 눈물은
닦아주지 못한다.
하늘이 더 슬프게 많이 운다. (2015. 4. 6)

팽목항에 가는 내내 하늘도 세월호 참사 1주기를 슬퍼하는 듯 비가 참 많이 내렸다. 하늘도 함께 우는 것 같았다. 팽목항 분향소에 들어가니 296명의 희생자와 9명의 실종자 영정이 있었다. 누구라 할 것도 없이 모두 흐느껴 울기 시작했다. 영정 사진을 똑바로 바라볼 수 없었다. 아무것도 도움이 되지 못해 자책감도 들었다. 또 마땅히 구했어야 할 사람들을 죽음으로 내몬 것 같아 미안하고 속상했다.

국민 한 사람, 한 사람을 귀하게 여기는 것이 국가의 마땅한 도리일 터인데 과연 우리는 그런 대접을 받으며 살고 있는지 자문했다. 국가가 존재하는 까닭은 무엇일까도 생각해보았다. 그런데 정부는 '이제 세월호 얘기는 그만하자'며 진실을 밝히려 하지 않았다. 게다가 세월호 유가족들이 세월호 얘기를 자꾸만 꺼내는 까닭이 보상을 더 받기 위해서라며 유가족을 조롱하는 기사까지 내보냈다. 도대체 정부는 무엇이 두려워서 이런 만행을 저지르는 걸까?

생각
이주하 (장승초 6학년)

내가 배 안에 갇혀 있다면
엄마 생각도 하고
아빠 생각도 하고
동생 생각도 하고
언니 생각도 하고
친구들도 생각하고
배 안에
갇힌 사람들도
그랬을까? (2015. 12. 11)

세월호가 침몰할 때, 배 안에 있던 아이들이 남긴 카카오톡과 문자, 동영상을 보면서 우리 아이들이 생각났다. 내 자식들이 배 안에 있었다면 얼마나 슬프고 속상했을까. 나와 관계없는 일이 아니라 내 둘레 아이들과 우리 식구들에게도 얼마든지 일어날 수 있는 일이다. 그래서 더욱 희생된 분들을 모른 척할 수가 없다. 함께 슬퍼하고, 함께 마음을 나누며 함께 기억해야 한다.

지시와 복종, 통제에 익숙한 우리 문화와 학교 교육도 다시금 돌아봐야 할 때이다. 학교에서 아이들에게 '가만히 있으라'는 말을 얼마나 자주 했던가. 아이들이 '가만히 있으라'는 지시를 따르지 않고, 배 밖으로만 나왔어도 많은 목숨을 살릴 수 있었기에 아쉬움이 더욱 크다.

어른들이 할 일은 아이들이 스스로 삶의 주인이 되도록 도와주는 것인데 아직도 우리는 아이들을 통제와 지시하는 대상으로 생각하는 듯하다. 이런 일이 되풀이되지 않으려면 우리가 아이들에게 스스로 판단하고 결정할 수 있는 기회를 주는 것이 정말 중요하지 않을까.

나쁜 나라
이산하 (장승초 6학년)

나쁜 나라 영화를 보다가
문득 이런 생각이 든다.
'저 분이 우리 부모님이라면?'
하고 말이다.
절대 그런 일이 없었으면 좋겠다.
이렇게 계속 놔둔다면
이 일이 계속 반복되겠지.
어쩌면 나도 그렇게 될지도 모른다. (2016. 3. 17)

가장 중요한 것은 세월호 침몰과 같은 일이 다시는 반복되어서는 안 된다는 것이다. 지금 국가에 필요한 것은 비상 상황에 따른 대처 방법이나 절차를 다시금 돌아보는 것이다. 지금처럼 임시방편으로 대처해서는 또다시 이런 일이 일어날 수 있음을 모두가 가슴에 새겨야 한다. 무엇보다 왜 이런 사고가 일어나게 되었는지 투명하게 진실을 밝혀야 한다. 그리고 사고 책임자에 대해 마땅한 처벌을 해야 한다. 국가가 잘못한 것을 이미 아이들도 잘 알고 있다.

행복한 기대
고유미 (송풍초 4학년)

우리나라와 북한은
한거레 한 핏줄이다.
그러면서도 싸운다.
'왜 싸울까?'
우리는 싸워도 오래가지 않는데
어른들은 한 번 싸우면 오래간다.
'왜 통일을 안 할까?'
통일이 되면
북한도 마음대로 갈 수 있고,
이산가족들이
헤어지지 않아도 된다.
서로 죽이는 전쟁을 안 해도 되고.
운동도 우리나라가 최고다.

생각만 해도

기분이 좋고 행복하다. (2004. 4)

1953년 7월 27일, 미국과 북녘이 정전협정을 맺었다. 우리 국민 가운데 정전협정서에 대한민국 사인이 없다는 사실을 모르는 사람들이 많을 것이다. 실제로 대한민국은 정전협정의 당사국이 아니다. 정전협정서에는 조선 인민군 대장 남일과 미국 육군 중장 해리슨의 사인만 있다. 그래서 북녘은 늘 우리보다는 육군 중장 해리슨의 나라인 미국을 대화 상대로 여긴다. 남녘과 북녘도 얼른 평화 협정을 맺어야 할 텐데 시간이 갈수록 남녘과 북녘의 사이가 안 좋아져 통일도 더 멀어지는 것만 같아 안타깝다.

북녘은 핵개발을 서두르고, 우리는 그에 대응해 개성공단을 폐쇄하고, UN과 더불어 강도를 높여 대북제재를 하고 있다. 개성공단만은 살렸어야 한다. 개성공단은 단순한 공단이 아니라 북녘과 연결될 수 있는 귀한 연결 고리이자 평화의 상징이었다.

이젠 이산가족들의 평균 연령도 80세가 넘었다고 한다. 북녘에 있는 가족을 만나지 못하고 돌아가시는 분들이 더욱 늘어나고 있다. 우리와 북녘의 관계가 더욱 악화되고 있으니 언제 이산가족 상봉이 이루어질지 기대하기도 어렵다. 유미가 쓴 시처럼 통일만 된다면 이산가족도 만날 수 있고, 운동도 최고고, 경제도 살릴 수 있을 텐데 안타깝기만 하다. 우리는 언제쯤 통일이 될까.

돼지고기

정민혁 (장승초 6학년)

잡식 가족의 딜레마 영화를 보는데
돼지가 불쌍하다.
창문도 없고
어두컴컴한 곳에 갇혀 있고
구제역 때문에
살 처분 당하는 것이
불쌍하다.
돼지들을 꼭 그렇게
키워야 되나 싶다.
나는 돼지고기를
조금만 먹을 거다. (2015. 6. 5)

살 처분

최인겸 (장승초 6학년)

잡식 가족의 딜레마라는
영화를 보는데
전염병이 돌아서
돼지를 살 처분한다.
돼지들을 구덩이에 넣고
흙으로 덮는다.

사람이 전염병에 걸리면

치료를 하는데

돼지는 죽인다.

돼지도 치료할 생각을 해야지

왜 죽이는지 이해가 안 간다. (2016. 10. 5)

"아, 이젠 고기 못 먹겠어요."

"돈가스도 못 먹을 것 같아요."

"돼지들이 정말 불쌍해요."

6학년 아이들, 학부모들과 〈잡식 가족의 딜레마〉 영화를 보고, 나도 한동안 고기를 먹지 못했다. 아이들도 그랬다. 또 학교 급식이나 집에서 먹는 음식에 대해서도 유심히 살피는 버릇이 생겼다. 우리의 먹을거리에 관심을 가지니 우리가 거의 날마다 고기를 먹고 있다는 사실도 알게 되었다.

움직이지 못하는 좁은 공간에서 최소한의 동물이 누려야 할 권리도 누리지 못한 채 암돼지들은 임신 기계가 되어 수컷 돼지의 정액을 받아 계속 새끼 낳는 것을 반복했다. 새끼들은 태어나자마자 거세당하고 꼬리가 잘리고 강제로 많이 먹게 되어 살을 불린 다음 1~2년 후에 도축장으로 끌려가 죽음을 맞이했다. 공장식 축산으로 기르는 돼지는 화학제품이 가득한 그냥 찍어 내는 제품 취급을 받았다. 우리는 그런 사실을 외면한 채 몸에도 좋지 않은 고기를 먹고 있는 것이다. 우리가 먹는 고기는 단순히 육식만의 문제가 아니었다. 우리 사회의 먹을거리에 대한 시선, 건강과 환경의 문제, 생명과 동물 복지의 문제까지 담고 있었다.

오리 팔려 가는 날
박한결 (장승초 6학년)

자려고 하는데
오리 소리가 들린다.
5톤 트럭 철장에
어른들이 오리를 집어 던진다.
오리는 저항도 못하고 굴러간다.
밀폐된 철장 속에 끼어서
실려 간다.
자지도 못하고
힘들게 사는 오리가
불쌍하다. (2015. 6. 5)

한결이네 집 둘레에는 오리 농장이 있다. 보통 한 번에 새끼를 만
여 마리 정도 데려와서 45일을 키운 다음에 판다. 한 해에 대여섯 번
정도 이런 과정을 반복한다. 비닐하우스로 지은 농장 둘레를 지날
때면 역겨운 냄새가 난다. 오리 농장에서 그리 멀지 않은 곳에 닭 농
장도 있다. 오리 농장보다 규모가 더 크다. 진안군 전체로 보면 축사
가 참 많은 편이다. 해발 고도가 높고, 자연 환경이 좋아서 동물들이
병에 잘 걸리지 않아 진안에 축사가 많다는데 참 아이러니다. 시골에
서 농사짓고 살기가 팍팍하니 먹고사는 문제로 이해할 만도 하지만
이왕 축사를 지어 동물들을 키울 거라면 좋은 먹을거리로 키우고,
사는 환경도 깨끗하게 해주며 동물들이 동물답게 자랄 수 있도록 하

면 어떨까.

청소

민진홍 (송풍초 6학년)

연구발표회를 한다고
학교 청소를 사흘이나 했다.
유리창 닦는 것만 이틀을 했다.
당일이 되니까 선생님들도
180도 바뀌었다.
갑자기 친절해지셨다.
사람이 저렇게 변할 수 있나?
웃기면서도 신기하다. (2008. 10. 31)

불과 십 년 전만 해도 연구학교*가 참 많은 편이었다. 특히, 승진을
앞둔 교사들은 연구학교 점수가 중요해서 연구학교 유치를 위해 많
은 노력을 했다. 물론 연구학교 운영이 긍정적인 부분도 있었겠지만
겉모습만 보여주기도 하고, 일반화의 어려움 따위로 부작용도 많았으
며, 효과성에도 의문이 많았던 것이 사실이다.

연구학교 발표회를 앞두고 아이들과 학교 청소하느라 애를 먹었던
경험은 지금도 아픈 추억이다. 아이들이 보기에 어른들의 모습이 얼
마나 우스웠을까 생각하면 얼굴이 화끈거린다. 요즘은 연구학교 운

---

*연구학교란 새로운 교육개혁 정책을 학교에 일반화하기 이전에 연구하고 그 실효성을 검
증하여 시범적으로 운영하기 위해 특별히 지정된 학교.

영이나 발표회도 그동안의 형식에서 벗어나 실제, 있는 그대로의 모습을 보여주는 사례도 있다고 해 그나마 다행스럽다. 앞으로는 연구학교가 승진 점수를 따는 도구가 아니라, 누구나 공감할 수 있는 새로운 교육 실험의 장이 되면 좋겠다.

선거 투표
이산하 (장승초 6학년)

바로 내일 어른들이
선거 투표를 한다.
투표에 참여하지 않으면
처벌을 받나 궁금하다.
근데 투표가 재미있어서
다들 할 것 같다.
나도 선거를 빨리하고 싶다.
연령이 13세부터면 좋겠다. (2016. 4. 12)

요즘 젊은 세대들은 투표나 정치에 별 관심이 없는 편이다. 정치 불신이 만든 단면이기도 하다.
"투표는 몇 살부터 해요?"
"대통령 월급은 얼마예요?"
"국회의원은 몇 명이에요?"
4월 13일 총선을 앞두고 사회 시간에 민주주의와 정치에 관한 이야기를 나누는데 아이들은 호기심 가득한 눈으로 궁금해하는 것들이 참 많았다. 투표에 참여하고 싶다고도 한다. 선거 때마다 투표율이 떨어진다고 걱정들인데 어려운 때일수록 아이들에게 정치의 가치와 중요성, 세상을 바라보는 시선에 대해 많은 이야기를 했으면 좋겠다. 정치는 아이들이 스스로 삶의 주인이 되는 것과 깊은 관계가 있다.

선거 활동
김현석 (장승초 6학년)

현재 시각 9시 55분
이제 곧 잘 시간이다.
밖에서는 아직도
선거활동 중이다.
엄청 시끄럽다.
계속 "뽑아주실 거죠? 뽑아주실 거죠?"
라고 한다.
나는 그냥 당선되면
공약 지키고 갑질 안 하면 좋겠다.
그리고 당선되려면
국민을 위해 조용히 이야기하고
잠자게 하면 좋다.
괜히 표 깎아먹지 말고.
이제 조용하다.
자야겠다. (2016. 4. 13)

북유럽에서는 국회의원들이 자전거를 타고 다니고, 개인 보좌관도 없으며 '무노동 무임금' 원칙을 철저히 적용한다고 한다. 하지만 한국에서는 정치 활동을 성실하게 하지 않아도 당선만 되면 엄청난 특권을 누린다. 그리고 선거 때만 마음에도 없는 공약을 내세워 뽑아달라고 굽실거리지 선거가 끝난 후에는 주민들을 낮은 사람 보듯이 대한다. 이런 모습이 우리나라 정치인들의 민낯이 아닐까?

자신과 생각이 다르면 아니라고 억지 부리고, 말도 안 되는 일로 싸우는 모습이 언론과 방송에 오르내릴 때면 아이들 보기가 부끄러울 정도다. 하지만 북유럽 국회의원들은 우리나라와는 다르게 특권의식도 없고, 국회의원이 아닌 일반 시민으로서 사람들을 대한다고 하니 부럽기만 하다. 우리나라도 그런 사회를 만들려면 우리가 더 정치에 관심을 갖고, 좋은 사람에게 투표해야 한다. 난 선생으로서 우리 아이들이 올바른 정치의식을 가질 수 있도록 생각을 나누어야겠다. 아, 우리는 언제쯤 존경할 수 있는 멋진 정치인을 만날 수 있을까.

천국

최수지 (장승초 6학년)

길을 가다가
아줌마가
"교회 다녀? 안 다니면
지금이라도 다녀.
참회하면 들어주실 거야.

천국 가게 해 줄 거야."
이런다.
천국이란 게
예수님만 믿고 교회 다녀서
참회하면 가는 거였나?
우리나라 사람은
거의 교회에 다니는데
그러면 다 천국 가나?
천국이란 게 이렇게
가기 쉬운 거라니. (2015. 6. 5)

한국 종교의 문제는 옛날만의 문제가 아니다. 특히, 기독교는 신도가 많아 사건 사고도 다른 종교에 비해 많은 편이다. 한국 사회가 근대화를 하는데 기독교가 기여한 바는 크지만 그럼에도 기독교를 바라보는 시선은 좋지만은 않다. 오죽하면 '개독교'라는 말까지 나왔을까.

종교가 주는 좋은 점이야 이루 말할 수 없이 많지만 종교에 자신을 바치고, 가정이 파탄 나도 종교에 모든 것을 거는 사람들이 있는 것도 문제이다. 종교든, 정치든, 교육이든 누구나 이해할 수 있을 정도로 상식적이면 좋겠다. 아이들이 보기에도 지나친 정도라면 상식적이지 못한 것이다. 아이들 시선은 정직하고 깨끗하니까.

일본 대지진
강희주 (장승초 6학년)

일제 강점기 때
우리나라를 침략한 일본
지금도 독도를 자기네 땅이라고
우기고 있는 일본
그렇지만 일본에
대지진이 일어난 지금
일본 사람들을 미워할 수가
없게 되었다.
일본 사람들도 사람인데
과거에 못 되게 굴었다고
지금 대재앙이 와서까지
차갑게 대할 수는 없다. (2011. 3. 17)

역사적으로 오랜 시간 동안 한국과 일본은 가깝고도 먼 관계였다. 수없이 많은 침략과 전쟁, 위안부, 그리고 일제 36년의 역사는 우리가 일본을 부정적으로 보게 만들었다. 더군다나 이승만 정권 아래 반민특위가 무력화되면서 친일파들을 처벌하지 못하여 역사의 큰 오점으로 남겼다. 아직도 일본은 수시로 신사참배를 하며 우리 국민들을 자극하고 있다.

2011년 3월 11일, 일본 혼슈의 북동쪽 해안에서 규모 9.0의 강진이 일어났다. 이 지진으로 태평양판이 격렬하게 흔들리면서 지진성 해

일인 쓰나미가 몰려왔다. 최고 높이 약 10미터로 측정되는 쓰나미는 일본의 많은 해안 지역을 휩쓸었고, 사망자와 실종자의 수는 2만 5천 명 정도 되었다. 특히, 후쿠시마 제1원자력 발전소를 비롯한 몇몇 원자력 발전소는 전력이 끊겨 3개의 원자로에서 냉각 장치가 작동을 멈추었고, 그 후에 원자로 중심부가 과열되어 방사능이 누출되어 피해가 더욱 컸다.

아이들과 일본 지진 피해의 상황, 어려움을 이야기하는데 아이들이 "일본은 밉지만 일본 사람들은 미워할 수 없어요." 한다. '그래, 사람은 미워할 수가 없지. 일본의 몇몇 정치인들이 문제지. 일본 사람들이 나쁜 건 아니지.'

아이들 마음처럼 일본 사람들을 미워할 수는 없다. 가깝지만 먼 나라 일본이 위안부 할머니들에게 과거의 잘못을 진정으로 사과하고 먼저 따스한 손을 내밀어주면 얼마나 좋을까.

다 알어
윤일호

치윤이가 아끼는 누렁이를
할아버지가 팔았다.
울고불고 난리가 났다.

할아버지가 달래려고
— 너 장난감 사주고,
용돈 줄라고 그러는 거여.

치윤이가 울다 말고
— 할아버지 막걸리 먹을라고 그러잖어
다 알어
다음에 다른 개도 팔 거면서, 칫.

어른들은 초등학생들을 어리고, 철부지에 아직은 세상에 대해 잘 모른다고 생각한다. 하지만 20년 가까이 아이들을 만나면서 '아, 아이들이 마냥 어린 게 아니구나. 아이들만의 맑고 아름다운 생각이 있구나.' 하는 깨달음을 얻는다.

우리는 아이들을 어리게 볼 게 아니라 다양한 분야에서 함께 공부하고 생각을 나누다 보면 오히려 아이들 생각이 더 귀하고 정확할 때가 있다는 것을 알아야 한다. 아이들이 어른들 마음을 훤히 꿰뚫어 보고 있다는 생각이 들 때는 뜨끔해지기도 한다. 어른들이 아이들을 대할 때 한 인격으로 존중하면서 이야기를 나눌 수 있으면 좋겠다. 아이들도 세상을 보는 눈이 있다.

목수가 되고 싶은 아이

2010년 12월, 날이 제법 추운 날이었다. 전주에서 장승학교 학생 모집을 하는데 한 엄마가 아이 둘을 보내고 싶다고 찾아왔다. 2011년 이면 6학년과 2학년이 되는 아이들이었다. 그때는 학생 한 사람이 정 말 귀한 때였다. 2010년 12월, 3학급에 전교생이 9명까지 줄어든 상 황이었다. 시골 학교를 보호하기 위해 면소재지마다 한 학교는 거점 학교라는 것이 있어서 학생 수가 한 사람도 없지 않은 이상 학급을 없애지 않는 정책이 있다. 하지만 장승학교는 거점 학교가 아니었다. 그래서 2011년에 6학급이 되려면 한 학년마다 6명 이상은 되어야 6 학급이 되는 처지였다. 그런 어려운 처지에서 두 아이가 전학을 온다 니 더없이 반가웠다. 6학년이 되는 아이는 형 오지훈, 2학년이 되는 아이는 동생 오지헌이었다. 그렇게 두 아이는 장승학교와 인연을 맺 었다.

2011년 3월부터 전주에서 버스를 타고 장승학교를 다녔다. 장승학 교까지 오는데 30여 분 정도 걸린다. 집안 형편은 조금 어려운 편이 었다. 하지만 표정은 늘 밝았다. 다른 아이들이 건들거나 함부로 해 도 화 한번 내지 않는 착한 아이들이었다.

형 지훈이가 졸업하고, 2012년 1월쯤 아버지가 뜻하지 않게 젊은 나이에 돌아가시고 말았다. 안 그래도 어려운 가정 형편이 더 어려워졌다. 지헌이 밑으로도 여동생 둘이 더 있었다. 전주에서 통학하는 아이들은 아이마다 어느 정도 버스비를 내고 타야 하는데 버스비를 내기가 어려운 형편이어서 여동생들은 집에서 가까운 전주에 있는 학교를 보냈다. 집도 장승학교와 조금 가까웠던 곳에서 좀 더 먼 곳으로 옮겼다. 이사 갔다는 이야기만 들었지 지헌이 집이 구체적으로 어디인지 잘 알지 못했다. 그러다가 2015년 지헌이가 6학년 되던 해, 내가 담임 선생이 되었다.

학년 초 3월 말이 되면 장승학교는 아이들 가정방문을 한다. 대체로 선생과 부모들 관계가 좋은 편이기는 하지만 그래도 더 이해하고, 더 소통하기 위함이다. 지헌이 집도 이때 처음 가보겠지 싶었다. 가정방문 안내장을 보내고 지헌이를 불렀다.

"지헌아, 새로 이사 간 집 어디지?"

"효자동요."

"효자동? 그렇게 먼 데로 갔어? 몰랐네. 거기서 어떻게 다녀?"

"자전거 타고요."

다른 아이들도 놀라는 눈치다. 본래 자기 이야기를 남 앞에서 잘 말하지 않는 아이였다. 하지만 그렇게 먼 곳에서 다녔다면 힘들다고 한마디라도 했을 법한데 그런 이야기를 전혀 들어보지 못했다.

"자전거 타고 효자동에서 인후동 버스 타는 곳까지 온다고?"

아이들도 많이 놀랐는지

"야, 지헌아. 거기서 어떻게 다니냐."

편하게 집 앞까지 차가 와서 타고 다니는 아이들 처지에서는 도저히 상상할 수 없는 일이다. 당황스러웠다. 효자동은 장승학교 차가 다니지 않는 곳이다. 더군다나 장승학교 버스 타는 곳에서 지헌이네가 사는 집까지 거리가 10킬로미터 정도 되는 먼 곳이었다. 시내버스를 타도, 20여 분은 족히 걸리는 거리였다. 그런데 그곳까지 날마다 자전거를 타고 다닌다고? 더군다나 4학년 때부터 그렇게 다녔다니 놀랄 일이다. 그동안 몰라도 너무 몰랐다.

"비나 눈이 오는 날에는 어떻게 다녀?"

"쪼금 오면 그냥 자전거 타고 다녀요."

"많이 오면?"

"버스 타고 와요." 하고 아무 일 아니라는 듯 웃는다.

집에서 버스 타는 곳까지 간 일
오지헌 (장승초 6학년)

6시 50분에 일어났다. 그런데 졸려서 다음 알람 시간까지 또 잤다. 알람이 울렸다. 알람이 울려 잠에서 깼다. 시간이 6시 55분이었다. 그런데 졸려서 또 잤다.

"지헌아, 일어나."

잠에서 깼다. 시계를 봤는데 7시 20분이었다. 시간이 별로 없어서 빨리 빨리 움직였다. 빨리 세수하고 빨리 옷을 입었다. 방에 가서 가방을 메고 문으로 가서

"학교 다녀오겠습니다."

"응, 잘 다녀와."

문을 열고 신발을 신고 1층으로 가서 자전거를 꺼내고 자전거를 탔다.

근데 비가 내렸다. 비가 조금 내려서 그냥 비 맞고 갔다. 내가 예전에 몰랐던 길로 다닌다. 처음에는 힘든 길로 다녔다. 그런데 지름길을 찾아서 별로 힘들지는 않았다. 제일 편한 게 내리막길이다. 내리막길을 가면 시원해서 좋다. 그리고 편하기도 하다. 내리막길이 끝나면 이제 힘든 길로 가야 한다. 신호등을 건너고 또 건넜다. 한 곳에 두 개나 있어서 한 번 더 건너야 한다. 또 내리막길이다. 이번 내리막길 때 노래를 부르면서 갔다. 가다가 건너편으로 갔다. 신호등을 건너려고 빨리 페달을 돌렸다. 근데 빨강불이 되었다. 몇 분 동안 신호등을 기다렸다. 초록불이 되어서 출발했다. 또 신호등을 건너려고 갔는데 빨강불이다. 신호등 때문에 비를 많이 맞았다. 초록불이 되어서 출발했다. 또 기다리기 싫어서 모래내에 있는 신호등까지 빨리 갔다. 비를 맞으면서 가니 시원하긴 하다. 모래내 신호등은 시간이 길어서 편하게 건넜다. 다음 신호등으로 갔다. 거기는 늦게 초록불이 되어서 갔다. 이제 다음 신호등으로 갔다. 이 신호등은 빨강불 때도 간다. 왜냐하면 기다리기 싫어서다. 이제 마지막 신호등이다. 이 신호등만 건너면 이제 신호등은 더 없다. 초록불이 되어서 건넜다. 건너서 한신아파트로 갔다. 가면서 철컥철컥 소리를 내고 갔다. 이 길이 재밌다. 한신에 가서 자전거를 놓고 버스 타러 갔다. 준엽이는 혼자서 걸어온다.

버스에 타고 나는 창밖을 보면서 간다. 왜냐하면 힘들어서 그렇다. 엄청 힘들어서 잤다. (2015. 4. 3)

이렇게 먼 거리를 다니고 있었구나. 날마다 1시간 정도 힘들게 자전거를 타고 와 친척 동생 준엽이까지 챙겨서 다니고 있구나. 가정방문을 갔던 날, 지헌이에게 참 많이 미안했다. 내가 알고 있던 곳보다 좀 더 먼 거리였다. 더군다나 거리가 문제가 아니라 오르막도 있어서 자전거를 타고 다니기가 힘들기도 하고, 무엇보다 오가는 길에 차가 많이 다녀서 안전 문제도 걱정되었다. 하지만 지헌이는 아무렇지도 않은 듯 "힘들기는 한데 다닐 만해요." 하고 그냥 웃는다. 가만히 생각해 보니 학년 초 학교에 오는 아침에 한 번씩 지나가는 말로 "킹콩, 피곤해요.", "킹콩, 졸려요." 하며 웃던 지헌이 모습이 떠오른다. 세심히 살피지 못한 나는 그런가보다 하고 대수롭지 않게 넘겼지만.

많이 자고 싶다
오지헌 (장승초 6학년)

밤 11시쯤 좀 넘어서 잠을 잔다.
다음 아침에 일어나기가 싫다.
근데 7시 10분에 나가려면
6시 45분에 일어나야 한다.
일어나서 세수하고 옷 입고 나가서
자전거 꺼내고 타고 출발
자전거를 타니까 잠이 없어진다.
할머니 집 도착하고 자전거 넣어놓고
할머니 집에 있다가
준엽이 데리고 버스를 타러 간다.
버스를 타서 일기를 쓰고
준엽이 다리 위에 누워
조금 잠을 잔다. (2015. 3. 16)

5학년 때까지는 그래도 혼자 다녀서 마음 쓰거나 챙길 일은 없었는데 6학년이 되어서 친척 동생 준엽이가 장승학교 1학년으로 입학했다. 동생이 사는 할머니 집까지 날마다 데리러 갔다. 1학년 아이여서 아직 다니는 길이 익숙하지 않은 개구쟁이 준엽이를 챙기는 건 보통 힘든 일이 아니다. 어떤 날은 다른 길로 새기도 해서 동생 때문에 학교 차를 놓치는 일도 여러 번 있었다. 그럴 때면 동생 때문에 스트레스를 받는 편이었다. 평소 밝고, 웬만해서는 짜증을 내지 않는 아이인데 준엽이 때문에 힘든 이야기가 가끔 일기장에 등장했다.

나대지 마라 준엽아
오지헌 (장승초 6학년)

내가 준엽이한테
계속을 말을 걸었는데
준엽이가 씨발이라고 했다.
그래서 내가 나대지 마라고 했다.
준엽이가 이제
내가 만만하게 보이나?
내가 좋게 해줬고만
이제는 나한테 나대네
그러면 무섭게도 해야 하나?
그렇게 재미가 없어지는데
어떻게 하면 좋을까? (2015. 5. 17)

준엽이는 할머니, 아빠와 함께 사는데 엄마가 계시지 않는다. 지헌이 엄마가 이모인데 나름 챙긴다고 챙기지만 어디 엄마만 할까. 아직 어려서 엄마의 손길이 많이 필요한데 그러지 못한 편이었다. 할머니는 식당을 하시는데 아침 일찍 나가셨다가 저녁에 늦게 들어오셨다. 준엽이 아빠도 날마다 새벽에 일을 나가 저녁 늦게 들어왔다. 아직 어린 준엽이가 혼자 있는 경우가 많아 돌봄이 필요했다. 하지만 그것도 여의치 않았다.

학교에서도 지헌이는 동생들에게 아주 친절하고, 친구들 사이에서도 인기가 많은 아이였다. 운동이면 운동, 성격이면 성격 모두 좋았다. 그런 지헌이를 준엽이가 힘들게 했다. 준엽이를 데리고 학교로 오는 길에 준엽이가 다른 데로 새거나 딴짓해서 차를 타지 못하는 것이다.

교회

오지헌 (장승초 6학년)

오늘은 일요일이다.
일요일에 왜 교회를 가야지?
누가 일요일에 교회 가는 날로 정했을까?
일요일에 교회 가는 날로 정해서
나는 일요일이 싫다.
나는 교회에 가기가 싫은데
교회를 가라고 해서 교회에 가야 한다.
나는 앞으로 교회를 안 갈 거다.

교회를 가면 재미도 없고
알게 되는 것도 없는데
내가 왜 교회를 가야 하냐고.
엄마가 교회를 안 다니면
일요일이 좋아질 것 같다. (2015. 4. 13)

일요일마다 엄마를 따라 교회에 가야 하는데 주중에 날마다 자전거를 타고 두 시간 정도 다니다보니 피곤해서 그런지 교회 가는 것을 싫어했다. 주말에는 그냥 쉬고 싶다는 말을 여러 번 했다. 오죽했으면 엄마가 교회를 다니지 않으면 일요일이 좋아질 것 같다고 했을까.

지헌이는 아주 부지런한 아이다. 가정 경제를 책임지는 엄마는 여러 가지 일을 하셨다. 그래서 집안일은 지헌이 몫일 때가 많았다. 동생들 밥도 챙겨주고, 청소나 빨래도 곧잘 했다. 형 지훈이보다 오히려 잘했다. 그것도 묵묵히 잘했다. 투정 부리고 힘들다고 할 법도 한데 늘 웃는 얼굴로 밝게 지냈다.

내 의견
오지헌 (장승초 6학년)

이건 내 의견이다.
운동장을 보면서
앉을 의자가 없어 힘들다.
그래서 목공 시간에 의자를 만들자고

이우주 샘한테 말했다.
이우주 샘도 똑같이 생각했다.
의자를 언제 만들어야겠다고
말을 하셨다.
빨리 의자를 만들고 싶다. (2015. 6. 4)

　지헌이 꿈은 목수다. 물어보는 사람들에게 늘 "전 목수 될래요." 하고 말했다. 특히, 금요일마다 실과 재구성으로 목공, 서각, 꽃누르미, 제과제빵, 바느질을 하는데 지헌이는 늘 목공을 했다. 손에 장갑을 끼고 나무 다루는 것을 보면 제법 폼이 있어 보인다. 손재주도 좋은 편이어서 목공 시간에 책꽂이나 필통, 생활 도구를 잘 만들었다. 목공 선생님 말을 들어보니 소질이 보여서 충분히 잘할 것이라고 했다. 어렸을 때부터 자신의 꿈을 찾아서 가기 쉽지 않은데 지헌이는 의지도 강했다. 날마다 두 시간씩 자전거를 타고 다니면서도 투정 부리지 않을 초등학생이 몇이나 될까. 참 마음이 단단한 아이다.
　6월이 되고 날이 점점 더워졌다. 운동장에서 신나게 놀던 아이들도 더운지 나무 그늘을 찾았다. 그런데 나무 그늘에 앉을 의자가 없었다. 아이들은 땅바닥에 앉아서 쉬거나 서 있거나 했다. '아, 여기 나무 의자가 있으면 좋겠다.'고 생각은 하고 있었는데 아무도 나무 의자를 만들지 않았다. 그런데 지헌이가 목공 선생님께 이야기를 해서 만들기로 한 것이다. 짬짬이 시간을 내어서 목공실을 들락거리며 뚝딱거리더니 두 주 정도 지났을까. 나무 그늘에 의자가 생겼다. 아이들이 앉아서 쉬고 있는데 보는 나도 뿌듯하고 좋았다.
　"이거 지헌이 형이 만든 거래."

아이들도, 보는 사람들도 지헌이를 칭찬했다. 그런 생각을 한 마음도 귀하고, 의자를 만들 수 있도록 도운 목공 선생님도 참 고마웠다. 이렇게 아이들은 자신만의 빛깔을 찾아간다.

나는 연습이 필요하다
오지헌 (장승초 6학년)

오늘 다모임을 한다. 내가 사회자다. 그래서 나는 떨린다. 다모임을 시작했다. 처음에는 제6회 다모임이라고 말하고 끝난 다음에는 어린이 선언문을 말한다. 여기까지 좋았다. 다음은 주제 정하기다. 근데 애들이 말하는 애가 별로 없다. 말하는 애는 없고 떠드는 애들이 많았다. 그때 상황에 나는 어떻게 할지 생각을 했다. 생각이 안 난다. 그때 한 명이 손을 들었다. 그래서 나는 "일어나서 말씀해 주세요." 이렇게 말했다. 말한 걸 쓰고 또 다른 사람을 기다렸다. 기다리는 동안 나는 생각을 했다. 무슨 생각이냐면 나는 연습이 필요하다는 생각이다. 다모임이 끝나고 교실에 가면서 나는 사회자를 잘 못했다는 생각이 들었다. 그래도 다음에는 잘할 거다. (2015. 5. 6)

장승학교는 따로 어린이회가 없다. 그래서 회장도 없다. 두 주에 한 번씩 3~6학년까지 모여서 다모임을 하는데 두 시간 정도 한다. 그때마다 6학년 아이들이 돌아가면서 사회를 본다. 발표를 잘하는 아이든 못 하는 아이든 모든 아이들이 사회를 봐야 한다. 지헌이는 마음이 착하고, 배려심도 깊은 아이기는 하지만 남들 앞에 서서 말을 잘 하거나 나서는 아이는 아니다. 그런데 다모임 사회 차례가 되어 사회를 처음 맡은 것이다. 남들 앞에서 사회를 본다는 것이 결코 쉬운 건 아니다. 그날 한번 겪어보더니 웃으면서 "킹콩, 사회자 연습도 해야겠어요." 하고 웃으며 지나간다. 처음부터 잘할 수는 없는 법. 지헌이가 이렇게 커 간다.

웃음소리
오지헌 (장승초 6학년)

내가 말을 하니
사람들이 웃는다.
그래서 기분이 좋고
내가 잘하고 있는 것 같은
생각이 든다.
아이들이 퇴장하고
낙서들이 등장한다.
사람들이 낙서들을 보고 웃었다.
웃는 소리를 들으니
기분이 짱 좋았다. (2015. 7. 20)

4월부터 아이들과 연극 프로젝트를 진행했다. 주마다 두 시간씩 연극 연습을 했는데 아이들이 참 즐거워했다. 거창한 발표보다는 하는 과정에 중심을 두고 즐겁게 연습했다. 그런데 연극 공연을 하면 어떻겠냐는 의견이 있어서 진안 읍내 문화의 집에서 공연을 하기로 했다. 연극 무대에 처음 서는 것이다. 11명 아이들 모두 서는 무대다.

아이들은 떨리기도 하고 긴장된다고도 한다.

제목은 〈낙서금지〉다. 아이들이 포스터도 직접 제작해서 붙이고, 진안 읍내에도 홍보했다. 저녁 7시 공연인데 장승 학부모와 아이들 그리고 지역 사람들이 200여 명 정도 오셨다. 30분 정도 되는 공연인데 연습을 충분히 하기는 했지만 잘할 수 있을까, 나도 아이들도 많이 긴장했다.

연극은 무엇보다 무대와 객석이 가까워서 함께 호흡하는 것이 장점이다. 아이들이 순간순간 연극을 할 때마다 웃기도 하고, 박수 소리도 들렸다. 여러 사람들의 응원 속에서 연극 공연은 무사히 끝났다.

쑥쑥 커라
오지헌 (장승초 6학년)

오늘 아침에 비가 조금 왔다가
멈췄다.
그래서 아쉬웠다.
왜냐하면 자연이 내리는 비가 더 좋은데
비가 오다가 멈췄기 때문이다.
점심시간에 물을 주러 갔다.
해가 안 떠서 물을 줬다.
내 꺼 주고 6학년 고추도 물 줬다.
그리고 또
잘 자라라 쑥쑥 커라
말을 해줬다. (2015. 6. 8)

6월이 되면 텃밭에 심은 고추, 오이, 상추, 방울토마토, 옥수수, 가지 따위가 쑥쑥 커 간다. 4월 중순이 넘어서 6학년 아이들과 고랑도 만들고, 심고 싶은 모종도 골라서 텃밭 가꿀 계획을 세운다. 거름도 아이들 손으로 주고, 자기가 키우고 싶은 식물을 골라서 직접 텃밭에 심기도 한다. 텃밭을 가꾸는 가장 큰 뜻은 관심과 사랑이다. 날마다 텃밭에 가서 물뿌리개로 물을 주고, 관심과 사랑도 주어야 한다. 풀이 자라면 풀도 뽑아 주고, 마음으로 잘 자라라고 이야기도 해주어야 한다. 식물은 아이들 관심으로 그렇게 자란다.

지헌이는 자기가 심은 식물만 물을 주고 관심을 주는 것이 아니라 옆 친구 식물도 살핀다. 워낙 부지런한 아이기도 하고, 정도 많다. 6월이 지나고 나면 풀도 더 많이 자라고, 조금만 관심이 줄어도 텃밭은 금세 표시가 날 텐데 지헌이가 키우는 식물들은 참 잘 자란다. 다른 생명을 살피고 나누는 지헌이의 마음이 무엇보다 귀하게 느껴진다.

학교 갈 때
오지헌 (장승초 6학년)

학교 버스를 탈 때에는
세 가지 방법이 있습니다.
첫 번째 방법은
자전거를 타고 가는 게 있고
두 번째 방법은
걸어서 가는 게 있습니다.
그런데 걸어서 가면

여섯 시에 출발해야 합니다.
세 번째 방법은
버스 타고 가는 게 있습니다.
이 세 가지 방법을 활용해서
학교 버스를 타고 있습니다. (2015. 12. 4)

어느 날은 지헌이에게 걸어서 가거나 버스 타고 간 적이 있느냐고
물었더니 큰소리로 "예, 자전거 고장이 나서 두 번 정도 걸어서 갔어
요." 한다. 초등학생 아이가 10킬로미터를 걸어서 가다니. 고원길을
걷거나 지리산 둘레길을 10킬로미터 넘게 걸었던 적은 있지만 그건
여럿이 함께 걸었던 길이었다. 새벽에 일어나 혼자 걸었을 지헌이를
생각하니 오히려 웬만한 어른보다 낫구나 싶었다. '스스로 서서 서로
를 살리는' 학교 철학에 맞게 참 장승다운 아이다. 그래도 웬만해서
그러지 못할 텐데 안쓰럽고 미안했다.
"다음부터는 절대 걸어 다니지 마. 힘들잖아. 자전거 고장 나면 버
스 타고 다녀."

풍경
오지헌 (장승초 6학년)

나는 논에 있는
지푸라기 둥지에 누웠다.
누워서 바람 소리와
새소리를 들었다.

하늘에는 전투기가
지나가고 있다.
삼각형 모양을 만들어
지나간다.
하늘과 땅 중간에는
빨간색이 있다. (2015. 12. 20)

학교 논에 두 마지기(400평) 농사를 짓는다. 추수가 끝나고 나면 일
부러 지푸라기를 어느 정도 남겨 놓는다. 지푸라기를 여러 용도로 쓰
기 위해서다. 아이들이 지나 가다가 가지고 놀기도 하고, 아이들과
메주를 만들어 묶어놓을 때 쓰기도 한다. 학교 논은 유기농으로 짓
는 농사라 지푸라기가 필요해서 달라는 분들도 있다.

방학이 얼마 남지 않은 날 논에 누워 있는 풍경이라. 춥기도 했을
텐데 지헌이가 논에 누웠다고 생각하니 고즈넉한 풍경이 그려진다.
마음의 여유를 찾기 힘들 정도로 바쁜 사람들에게 논에 누워 풍경
을 이야기하는 게 어울리지 않을 수도 있다. 하지만 이렇게 바쁜 시
대에 시골 학교를 다니면서 자유로움과 여유를 누리고 자란 아이들
의 몸과 마음은 더 건강하지 않을까.

지헌이
윤일호

왠지 한겨울에도
반팔과 반바지가 어울리는 아이

언제, 어느 곳에 있어도
함께 있으면 참 든든한 아이
스스로 서서 서로를 살리는 장승 철학이
딱
어울리는 아이

목수가 되고 싶은 아이
보는 사람이면 누구든
마음을 빼앗기고 마는
사랑 가득한
아름다운 아이

바로 그 아이

사실 지헌이는 겨울에도 반팔에 반바지를 자주 입고 다닌다. 어른
들이 아무리 "지헌아, 추워. 제발 따뜻하게 입고 다녀." 해도 "하나도
안 추운데요?" 하고 씩 웃고 지나간다. 지헌이를 모르는 어른들이 보
면 '집이 어려워서 그러나?' 하고 오해한다. 하지만 엄마 말씀을 들어
보면 그렇지 않다. 아무리 따뜻한 옷을 입고 다니라고 해도 안 춥다
고 그냥 반팔에 반바지 차림으로 간단다. 하기야 40킬로미터 가까이
되는 그 험한 지리산 종주를 할 때도 샌들을 신고, 반팔에 반바지 차
림으로 3박 4일을 다녔다. 등산복과 등산화로 중무장한 어른들이 보
기에는 얼마나 놀랄 일일까.

몸으로 겪고 나를 드러내다

아이들은 직관이 뛰어나다. 더불어 몸으로 겪는 것을 좋아한다. 그래서 장승학교 교육 과정에서 일하기, 몸으로 겪기는 아주 중요한 활동이다. 지리산 종주, 고원길 걷기, 모내기와 벼 베기, 김장, 봉사활동 등 모두 몸으로 겪는 활동이다. 뿐만 아니라 시시때때 꽃길도 걷고, 바람도 느끼며 비 오는 날 맨발로 운동장을 걷기도 한다. 발바닥에 전해지는 느낌과 빗소리, 바람 소리는 아이들 마음을 자라게 한다.

장승 교육 과정에서 '겪기'를 아주 중요하게 생각하는 까닭은, 몸과 마음의 문제를 제대로 풀어내지 못하면 삶의 문제도 풀어나갈 수 없다고 생각하기 때문이다. 몸으로 겪는다는 것은 마음의 속살을 채우는 것과 크게 다르지 않다. 몸은 마음을 표현하는 통로이고, 몸과 마음은 하나로 맞닿아 있다.

아이들 느낌은 살아 있다. 바람과 비, 소리, 흙을 온전히 느끼고 직관으로 그 느낌을 있는 그대로 글로 표현할 수 있다. 몸과 마음의 문제를 글로써 명확하게 밝혀 놓은 분은 바로 김수업 선생이다. 그는 『김수업의 우리말 사랑 이야기 말꽃 타령』에서 '마음의 속살'을 우리말로 잘 풀어놓았다.

마음의 속살은 느낌과 생각과 뜻이라는 세 낱말로 뜨레*를 이루어 있다. 이들 낱말의 속뜻을 잘 살피면 마음의 속살을 알아볼 수 있다. 느낌은 춥고 덥고, 밝고 어둡고, 시끄럽고 고요하고, 쓰고 달고, 매캐하고 향기롭고, 이런 것들이다.

_『김수업의 우리말 사랑 이야기 말꽃 타령』 15쪽 중에서

국어사전에서 '느낌'을 찾아보면 '어떤 대상이나 상태, 생각 등에 대한 반응이나 지각으로 마음에 일어나는 기분이나 감정'이라고 나와 있는데 사실 사전에 나온 내용만으로 또렷하게 뜻이 가려지지 않는다.

생각은 알고 모르고, 같고 다르고, 맞고 틀리고, 참되고 그르고, 옳고 외고, 이런 것을 가려낸다. 이런 생각도 몸에 말미암지만 느낌보다는 몸에서 한결 멀리 떨어진 마음의 속살이다. 이것은 느낌을 가라앉히고 간추리고 갈무리하면서, 또는 그런 다음에 빚어지는 마음의 움직임이다.

_『김수업의 우리말 사랑 이야기 말꽃 타령』 16쪽 중에서

'생각'에 대해 국어사전에는 '헤아리고 판단하고 인식하는 것 따위의 정신 작용', '경험해보지 못한 사물이나 일을 머릿속으로 그림'으로 표현되어 있다. 이 또한 사전만으로는 또렷하게 그려지지 않는다. 하지만 알고 모르고, 같고 다르고, 맞고 틀리고, 참되고 그르고, 옳고 외고 하는 것들을 가려내는 것이라고 하니 또렷하게 구별이 된다.

*뜨레 : 사랑을 뜻하는 제주도 방언이며, 국어사전에는 없는 말이다. '김수업 선생님이 개인적으로 쓰신 말이며, 사전에는 없지만 아마도 그렇게 사용한 까닭은 어원이 있는 듯'하다는 의견이 있다.

"뜻은 느낌과 생각을 지나 좀 더 마음의 한가운데로 들어가면 거기 자리 잡고 있다. 뜻은 마음의 한가운데 자리 잡고 있어서 껍데기인 몸과는 그만큼 멀어졌다. 뜻은 생각을 끌고 가는 힘이기도 하다."
_『김수업의 우리말 사랑 이야기 말꽃 타령』 15쪽 중에서

몸과 마음은 따로 떨어져 있기도 하지만 연결되어 있다. 결국 느낌은 몸과 가장 가까운 마음과 다르지 않다. 다시 말하면 눈으로 보고, 귀로 들으며, 코로 냄새를 맡고, 혀로 맛을 보며, 촉감으로 느끼는 것 따위의 몸의 부분들이 몸 바깥의 것을 받아들이는 것을 말한다. 결국 오감으로 좋은 '겪기'를 하면 좋은 느낌이 쌓이는 것이다.

계절을 온몸으로 느끼면서 살기에는 참 바쁜 세상이다. 학교에서라도 아이들과 함께 봄이면 봄에 맞게, 여름이면 여름에 맞게 계절을 온몸으로 느끼는 활동을 하면 좋을 텐데 많은 학교들이 그러지 못한다. 초등학교 시절만이라도 아이들이 계절을 온몸으로 느끼면서 자랄 수 있다면 마음의 결을 더 멋지게 가꿀 수 있을 것이다.

젖은 운동장
박종우 (장승초 6학년)

비 오는 날에
맨발로 운동장으로
나갔다.
까칠까칠한 느낌이 좋다.
그리고 빠르게 달리면

발바닥에서
쓸리는 느낌이 좋다.
신발이 없었을 때는
이런 기분을 자주 느껴서
좋을 것 같다. (2016. 5. 23)

아이들은 대체로 비 오는 날을 싫어한다. 밖에 나가 놀 수가 없기 때문이다. 장승 아이들도 비 오는 날이면 왠지 더 수선스러워 보이고 시끄럽다. 한 해에 한두 번, 비가 오는 날이면 교실에서 공부하는 것보다는 밖에서 맨발로 걷는 것이 훨씬 아이들 마음을 잡아당긴다. 양말을 교실에 벗어 두고, 우산을 쓰고 밖으로 나갔다. 요즘은 맨발로 땅을 걸어보기가 쉽지 않다. 해수욕장의 모래 위를 걷는 것과는 또 다른 느낌이다.

무엇보다 물의 움직임이 눈에 들어온다. 하늘은 잔뜩 흐려 있고, 빗발이 친다. 발가락 사이에 느껴지는 빗물의 감촉이 색다르다. 물이 많이 고인 곳에 발을 담가보기도 한다.

"눈을 감고 어떤 소리가 나는지 들어봐."

"발가락 사이로 느껴지는 빗물의 감촉은 어때?"

"조금씩 조금씩 운동장을 걷는 느낌은?"

"순간 느낌을 마음으로 담아봐."

맨발로 장난치며 운동장을 뛰어다니는 아이도 있고, 진지하게 걷는 아이들도 있다.

10여 분 운동장에서 놀다가 교실에 들어와 수건으로 발을 닦고, 양말을 신고 자리에 앉았다. 아이들은 빗물의 감촉이 좋았는지 이런

저런 이야기를 주고받았다.

"눈을 감아볼까? 그때로 돌아가 빗물의 느낌이 어땠는지 떠올려 봐."

아이들은 운동장을 맨발로 거닐던 느낌을 살렸다. 그리고 몸으로 표현하기도 했다. 간지러운 느낌, 따가운 느낌도 있다.

바람

최인겸 (장승초 6학년)

바람이 슈와아아아
하고 분다.
시원하고 재미있다.
부드러운 물 같다.
나뭇가지가 흔들리면
나무가 춤을 추는 것 같고
바람에 스치면
나무가 노래하는 것 같다.
송진 냄새와 나무 냄새가 난다.
바람이 보인다면
작은 거품 모양일 것 같다. (2016. 5. 30)

장승학교는 경사가 심한 용마봉이 학교 옆에 떡 버티고 있어서 해가 짧은 편이다. 그래도 용마봉은 장승 아이들에게 많은 선물을 준다. 용마봉에 오르면 아이들과 학부모들이 함께 만든 나무집이 있다. 나무집에서 놀기도 하고, 가을이면 밤을 따느라 바쁘다.

더위가 살짝 다가오는 날, 아이들과 바람을 느끼러 용마봉을 갔다. 숲에 있기만 해도 마음이 편안하고, 더위도 싹 가신다. 눈을 감고, 바람을 느낀다. 피부에 느껴지는 바람은 참 부드러운 물 같기도 하고, 바람이 불면 나무가 춤을 추는 것 같기도 하다. 인겸이가 말한 것처럼 바람이 보인다면 정말 어떤 모양일까.

사회자
권민찬 (장승초 6학년)

오늘 봉사 사회자는 나다.
떨렸다.
멘트도 반복해서 뭐가 괜찮을까 찾아보고
어떻게 할까 생각해봤다.
선생님께서 말씀하고 내 차례다.
"안녕하세요? 사회를 맡은 6학년 권민찬입니다." 생각보다 재밌다.
나도 좀 잘 이끌어간 것 같다. (2016. 6. 28)

2011년부터 장승 아이들은 해마다 두세 차례씩 진안에 있는 단체에 봉사활동을 다녀온다. 아이들과 봉사의 깊은 뜻을 몸으로 겪어보고 싶어 시작했다. 2011년 첫해에는 어르신들이 계시는 곳을 봉사활동이라는 이름으로 처음 가보는 아이들이 대부분이었다. 그래서 그런지 낯설기도 하고, 많이 긴장도 했다. 하지만 새로운 경험으로 나름 뿌듯해했고, 의미 있는 활동으로 기억했다. 그렇게 시작된 봉사활동을 지금까지 해마다 하고 있다.

괜찮아

이다영 (장승초 6학년)

반월선교원에서 봉사활동할 때
할아버지, 할머니들
뭉친 어깨를 풀어 드리려고 갔는데
다 안마를 하고 있어서
방 안에 할머니를 주무르려고
방 안으로 갔다.
한참 주무르니 할머니가
"괜찮아, 이제 볼일 봐." 해서
아직 남은 공연을 준비하러 갔다.
아직도 할머니의 말이 기억에 남는다. (2016. 6. 28)

처음에는 봉사활동이 어색하고, 어르신들에게 보여 드리는 공연
말고 무엇을 해야 할지 몰랐다. 하지만 여러 번 가다보니 어깨도 주
물러 드리게 되었고, 말동무도 해 드리게 되었다. 어떤 아이는 연세
많으신 할머니, 할아버지가 낯설기도 하고 어려워서인지 무섭다고 했
다. 하지만 점차 낯선 느낌도 덜하고, 할머니와 친해진 아이들도 있
다. 할머니, 할아버지들도 때가 되면 장승학교 아이들이 오기를 기다
리기도 하신다고 한다. 지난해에는 선교원에서 아이들에게 고마움을
전하기 위해서 어르신들이 장승학교를 방문하셨다. 학교도 구경하시
고, 아이들에게 줄 선물도 가져오셨다. 아이들도 어르신들도 반가워
했다.

봉사활동은 일회성으로 끝나서는 안 된다. 꾸준함이 필요하다. 특히 한 곳에 오랫동안 가다보면 만날 때마다 낯섦에서 반가움, 기다림 등의 또 다른 느낌을 가지게 되고 아이들 마음도 한 뼘 더 자란다. 그래서 해마다 가는 봉사활동이 더 귀하게 생각된다.

염색

이주하 (장승초 6학년)

모든 준비를 끝내고
버무리기를 시작한다.
배추를 내 앞에 두고
양념을
한손 가득 들었다.
배추 한 겹 한 겹을 넘기며
양념을 넣는다.
왠지
머리카락을 빨강색으로
염색하는 것 같다. (2015. 11. 19)

해마다 하는 김장도 재미난 활동 가운데 하나다. 여름에 아이들과 배추를 심고, 잘 가꾸어서 11월 말이나 12월 초에 김장을 한다. 배추를 손질한 다음 소금물에 담갔다가 숨을 죽이고 아이들과 김장 김치를 담근다. 어떤 해에는 100포기도 넘게 했다가 양이 너무 많아서 요즘은 50포기 정도 한다. 5, 6학년 아이들이 손에 고무장갑을 끼고,

소금에 절인 배추를 씻는 것부터 시작해서 양념을 만들고, 양념을 넣는 것까지 숙련된 솜씨로 잘한다. 김장을 하면서 먹기도 하고, 서로 먹여주기도 한다. 얼굴에 고춧가루 양념이 묻으면 서로 얼굴을 바라보면서 웃고, 장난기가 발동하면 친구 얼굴에 양념을 묻히기도 한다.

역시 김장하는 날은 수육과 함께 먹는 김치 맛이 일품이다. 점심시간이 되면 전교생에게 김장 김치와 수육을 주는데 상에 올려놓기가 무섭게 잘 먹는다. 김장을 해보면 김치의 매력을 더 잘 알게 된다. 이렇게 몸으로 김장을 해보고, 김장 김치의 맛을 아는 아이들이 김치의 귀함을 더 잘 알 수 있을 것이라 생각한다.

핀 마이크
양유나 (장승초 6학년)

연극 공연을 할 때
나는 다섭이랑 핀 마이크를
바꿔야 해서
다섭이를 기다리고 있는데
다섭이가 찬
2번 핀 마이크가 떨어졌다.
다섭이가 나오면
핀 마이크를 차야 하는데
어쩔 수 없이
마이크 없이 공연을 한다.

'소리가 안 들리지 않을까?'

걱정된다.

하지만

목소리가 잘 나와서 만족했다. (2015. 7. 20)

　지난해 국어 수업 프로젝트로 연극을 한 학기 동안 주마다 두 시간씩 했다. 가을에 계절 학교 활동으로 일주일간 연극을 해본 적은 있지만 이렇게 꾸준히 공부 시간에 해본 것은 처음이다. 연극의 맛을 느끼기 위해 몸으로 겪기부터 시작해 대본 익히기, 표정과 몸짓, 동선 익히기를 주마다 조금씩 해 나가는 모습이 대견스러웠다.

　무엇보다 가장 귀한 경험은 한 사람도 빠지지 않고, 11명 아이들 모두가 연극 무대에 섰다는 것이다. 내성적인 아이도 있고, 무대에 오르기 부담스러워하는 아이들이 있을 법도 한데 모두가 30분 정도의 공연을 훌륭하고 멋지게 해냈다. 적지 않은 대사를 외우고, 몸으로 표현한다는 것이 쉽지 않았을 텐데 아이들의 가능성은 대단했다.

　진안 읍내 공연장을 빌려서 공연했는데 장승 학부모들뿐만 아니라 진안 읍내 어른들도 공연장을 찾아서 약 200여 명이 공연을 관람해서 성황을 이루었다.

젓가락 콩 집기 대회
유승민 (장승초 3학년)

젓가락으로 콩을 집을 때

콩들이 무서워서

도망가는 것 같다.

콩들이 잡히면

기절하는 것 같고,

컵에 놓을 때는

힘없이

떨어지는 것 같다. (2014. 5. 20)

아이들이 젓가락질하는 것을 보면 서툰 아이들이 제법 있다. 물론
어른들도 그렇다. 제대로 배우지 않으면 이상한 젓가락질을 하고 만
다. 젓가락질이야 어떻게 하든 잘 집어서 먹으면 그만이지 하고 생각
하는 분들도 있겠지만 그래도 이왕 하는 김에 제대로 젓가락질을 하
면 더 좋겠다는 생각에서 젓가락 콩 집기 대회를 하고 있다.

아이들과 젓가락으로 콩 집기 대회를 가끔 하는데 어린아이들일
수록 더 재미있어한다. 특히 젓가락으로 콩을 집어 컵에서 컵으로 옮
기거나 젓가락으로 콩을 집고 걸어가는 것을 하면 아주 재미있어한
다. 무엇보다 콩을 집는 장면을 시로 표현한 것이 압권이다. 집을 때,
놓을 때의 장면을 비유법을 따로 가르치지도 않았는데도 놀라운 표
현들이 나온다.

참게 네 이름 짓기

윤일호

참게 엄마가 낳은 알
껍질을 깨고 밖으로 나온다.

참게 아버지는 옆에서
새끼들 챙기랴 이름 지으랴 바쁘다.

그래, 속이 꽉 차거라, 옹골지게
참, 꽃보다 진한 향기를 지니거라, 향기롭게
요것 봐라, 등딱지가 검고 윤이 나니, 아름답게
아, 작지만 꾸밈없이 살면 좋겠구나, 소박하게

행복하게 건강하게
달콤하게 다정하게

태어나는 새끼들마다
아버지 마음 가득
사랑스럽게
정성스럽게

선생 처지에서야 한 반의 아이들이 여럿 가운데 한 명, 한 명이겠
지만 부모에게 아이들은 정말 귀한 자식이다. 학예발표회를 해도, 연
극 공연을 해도, 운동회를 해도 부모들은 내 자식만 바라본다. 그게
부모 마음이다. 귀한 자식인데 이름을 지을 때도 그냥 짓는 법은 없
다. 나름 의미를 담고, 잘 자라기를 바라는 마음을 담는다.
　활동을 하는 것도 마찬가지다. 몸으로 겪는 것이 중요하다는 것은
알고 있지만 그저 겪기만 한다면 아이들 마음에 더 깊이 가지 못한
다. 그래서 아이들과 하는 활동이나 겪기에 의미를 담는 것이 무엇보

다 중요하다. 활동마다 어떤 뜻이 있고, 왜 하는지에 대해 새겨야 한다. 아이들과 몸으로 겪은 다음 좋은 느낌을 이야기해보고, 생각도 나누어 보고, 글로도 써보면서 겪기의 의미를 되새겨야 한다. 그렇게 오랫동안 겪기에 의미를 부여하고 의미를 나누다보면 아이들이 어느 순간 생각이 자라고 뜻도 세우게 된다.

내가 그의 이름을 불러주기 전에는 그는 다만 하나의 몸짓에 지나지 않았을지 모르지만 내가 그의 이름을 불러주고 의미를 주었을 때 그는 나에게로 와서 꽃이 되는 법이다.

이 힘든 산길을 왜 걷는 거예요?

요즘 부쩍 길을 걷는 사람들이 많다. 특별한 목적 없이 걷기만 해도 길이 주는 어떤 힘 때문이 아닐까 싶다. 장승 아이들도 길의 힘을 몸과 마음으로 받기 위해 벌써 6년째 진안 고원길, 지리산 둘레길, 지리산 종주길을 걷고 있다. 특히 지리산 종주는 장승학교에서 이루어지는 뜻깊은 활동 가운데 하나다.

  9월 초, 오후 시간에 5, 6학년 아이들이 모였다. 출발하기 전에 이야기할 것들이 많은 까닭이다. 아이들끼리 여섯, 일곱 명씩 네 모둠으로 나누고, 다섯 끼 식단도 아이들이 직접 짰다. 5학년은 두 번째, 6학년은 세 번째 종주여서 준비할 것들을 잘 알고 있기는 하지만, 36킬로미터 지리산 종주길은 어른도 힘든 길이어서 종주 날이 다가올수록 선생님들은 더 긴장된다.

  산행을 위해 기본으로 알아야 할 것도 많다. 가스버너 사용 법, 코펠에 밥하는 법, 코펠 정리하는 법, 밥 먹고 난 후에 설거지하는 법, 대피소에서 지켜야 할 예절, 쓰레기 처리하는 방법들은 여러 번의 경험으로 알고 있지만 그래도 다시 한 번 생각해야 한다.

  "지리산 갈 때마다 우리가 모여서 이야기를 나누지? 그때마다 가장 중요하게 말하는 게 있는데."

"대피소에서 다른 사람들에게 피해주지 않는 거요."

첫해 때 산장에서 아이들이 잠을 자지 않고 떠들어서 난감했던 기억은 아직도 잊을 수 없다. 9시면 잠을 자야하는 대피소에서 아이들이 떠드니 어떤 어른은 학교에서 그렇게밖에 배우지 못했냐고, 기본예의도 없다고 아이들을 매우 혼냈다. 그때 이후로 아이들과 지리산을 오르는 것이 단순히 산길만 걷는 것이 아니라 다른 사람에게 피해를 주지 않는 법을 배우는 것이고, 서로를 배려하는 마음을 기르는 것이라고 잔소리처럼 말했다.

"쌀은 매끼 내가 먹을 만큼만 가져오면 되고, 너무 많이 가져와서 무겁지 않도록 하면 좋겠어. 그리고 쌀은 코펠에 넣는데 사람 인원에 맞게 코펠 그릇으로 떠서 넣으면 돼. 그리고 무엇보다 밥하는 데는 불 조절을 잘해야 해."

"알아요. 처음에는 세게 했다가 김이 나오기 시작하면 불을 약하게 해요."

세 번째 가는 6학년들은 불 조절을 잘 못하면 밥이 타고, 코펠도 못 쓰게 된다는 걸 잘 알고 있다.

"밥을 먹고 나면 어떻게 하지?"

"설거지해야죠. 물로 씻을 수 없으니 화장지나 물티슈로 먼저 닦아야 해요."

"그래. 주의해야 할 것은 쓰레기양을 줄이는 거야."

지리산 종주에서 생기는 쓰레기는 각자 들고 내려와야 하니 쓰레기가 많을수록 불편할 수밖에 없다. 평소 의미를 두지 않던 쓰레기에 대해서도 생각하게 된다. 경험만큼 귀한 공부가 있을까 싶다. 고

학년들은 지리산 종주의 경험을 동생들에게 자연스럽게 알려준다. 나도 가기 전날 준비물을 단단히 챙기고 평소보다 일찍 잠들었다. 주마다 조기 축구도 하고, 몸무게도 줄이기는 했지만 몇 해 전 산행부터 무릎이 아파 걱정이 앞섰다.

진안 읍내에서 현민이와 선후, 금결이를 태운 뒤, 학교에서 6시 30분에 출발하기로 했다. 그런데 버스 기사님께 6시 20분에 진안 읍내에서 두 사람 태우고 오면 된다고 문자를 보냈나 보다. 현민이 빼고, 선후와 금결이가 먼저 나와 있으니 다 온줄 알고, 그냥 학교로 출발한 것이다. 사정을 말씀 드리니 현민이 아빠가 학교로 오신다고 한다. 출발하는 시간이 늦어져서 현민이 아빠에게 미안하다는 말씀을 드릴 겨를도 없이 인원 확인을 하고 출발했다.

학교를 출발해서 전주 아이들을 태우러 가야 한다. 전주에서 만나기로 한 시간은 7시. 학교를 출발해서 10분 정도 가고 있는데 나영이 아빠한테 전화가 왔다. '어? 뭐지? 아까 인원 확인했는데.' 뒤를 보니 나영이가 없다. 바로 차를 세웠다. '오늘 왜 이러지?' 결국 나영이 아버지가 나영이를 학교에 데려다줬다.

전주에 도착하니 아이들과 학부모님, 선생님들, 교장 선생님이 기다리고 있다. 무릎이 좋지 못한 교장 선생님은 연신 "함께 못 가서 미안해요." 한다. 선생님들도 인사와 함께 간식을 챙겨주었다. 약속한 시간보다 늦어서 얼른 인사를 나누고 성삼재로 출발했다.

초등학생이 감당하기에 힘든 길일 수도 있지만 힘든 산길을 아이들과 학부모, 선생이 함께 걸으면서 어려운 과정을 이겨내고 스스로 할 수 있다는 자신감을 키운다고 믿기에 해마다 가는 것이다.

아프고 싶다
송승준 (장승초 5학년)

지리산을 가는 날
나는 아프고 싶다.
열이 나던지 다치던지
아프고 싶다.
결국 가게 되는 나
계속 아프고 싶다는
생각이 든다. (2013. 9. 23)

선생들도 지리산 종주 때가 되면 긴장하고 걱정되는데 아이들은
오죽할까. 농담처럼 '아, 정말 아팠으면 좋겠다.' 하는 마음은 아이들
이나 어른이나 같다. 하지만 다녀오고 나면 또 가고 싶어하는 아이
들이 있다. 그래서 함께하고 싶은 졸업생들이 해마다 몇 명씩 같이
간다.

9시가 되어 지리산 종주를 시작하는 성삼재에 도착했다. 아이들에
게 점심으로 김밥을 나누어 주었다. 장승 아이들 스물다섯, 졸업생
다섭이와 한결이, 이우주, 양미선 선생님 그리고 나까지 모두 서른 명
이다. 김밥을 쉰 줄 주문했는데 아이들이 무거운 짐이 부담 되었는지
아니면 아직 아침이어서 배가 덜 고픈지 한 줄씩만 가져간다. 덕분에
나머지 스무 줄 김밥은 내 큰 가방에 담겼다.

예정보다 약 30분 늦은 9시 10분에 성삼재를 출발했다. 아이들은
아이들대로 선생님들은 선생님들대로 힘든 산길을 제대로 오를 수

있을까 걱정이다. 긴장했는지 금결이는 출발하자마자 똥이 마렵다고 한다. 5학년 가현이와 유진이는 "제발 같이 가요.", "우리 얼마만큼 가야 하지? 작년에 좋았는데." 한다. 6학년 다영이는 "저는 처음이자 마지막이라 재밌어요." 한다. 장승학교에서 유치원부터 다닌 나영이는 "아쉬운데 뭔가 가기 싫기도 해요." 한다. 옆에 있던 다인이가 "2학년 샘이 그러는데 나영이 가기 싫어서 난리쳤대요." 한마디 거든다. 그러면서 "우리 가끔씩 쉴 거죠?" 한다. 아이들 나름으로 지리산 종주를 시작하는 마음도 다르다.

모둠별로 함께 가자고 했는데 금세 아이들 사이에 거리가 생긴다. 한 30분이나 지났을까. 걷는 속도가 느린 동완이는 "아이고, 힘들어." 한다. 벌써 세 번째다. 앞에 가는 아이들과 점점 거리도 벌어진다. 힘이 들었는지 동완이가 "여기까지 자동차로 올라올 수 있죠." 한다. 속으로 웃으면서 "그럼, 올라올 수 있지. 그렇지만 우리는 걸으려고 온 거여." 하고 동완이를 재촉했다.

연하천까지 가려면 여유를 부려서는 안 된다. 몇 해 전 같은 코스로 2박 3일을 할 때 성삼재에 11시쯤 도착해서 점심으로 김밥을 먹고, 여유를 부리다가 저녁 시간까지 야간 산행을 하며 엄청 고생한 적이 있다.

시멘트 길이라 편한 노고단까지는 가방 없이 편하게 오르는 사람들이 참 많다. 유진이는 그 사람들이 부러운지 "아, 부럽다. 가방 없는 아저씨, 아줌마들." 한다. 노고단까지 거의 오르니 시멘트 길이 끝나고 마지막 계단 길이 있다. 계속 이어지는 계단 길이 힘든지 다인이, 유진이, 가현이가 "킹콩, 힘내세요. 우리가 있잖아요~." 하며 노래를 부른다. 나도 따라 불렀다.

10시 30분 정도에 노고단 대피소에 도착했다. 나눠준 김밥을 점심으로 먹었다. 아직도 갈 길이 멀어 밥을 먹어야 한다. 아이들은 준비한 간식을 꺼내 먹기도 하면서 아직은 여유로운 표정이다. 이제 시작이다.

어진이 형
김진기 (장승초 6학년)

지리산 길을 가다가
어진이 형이
도움이 필요한 것 같아
도와주었더니
내가 들고 있던
코펠을 들어준다.
미안하다.
힘들까 봐 달라고 하고 싶었는데
나도 힘들어서
달라고 하기 싫었다.
진짜 미안했다. (2013. 9. 23)

언제부턴가 코펠은 6학년이 들게 되었다. 산길을 오르면서 손에 무언가를 들고 가는 것은 참 거추장스럽다. 아이들 가방은 작아서 코펠이 잘 들어가지도 않는다. 어쨌든 아이들은 서로 바꿔 가면서 코펠을 들어주기도 하는데 그 마음 씀씀이가 참 고맙다.

11시에 노고단 대피소를 출발했다. 노고단까지 오르는 길은 500미터를 계속 계단 길로 올라야 한다. 지나 가시는 분들마다 "어디서 왔냐?", "몇 학년이냐?" 물으며 우리 아이들에게 관심이 많다.

초등학생들이 종주하는 경우는 아주 드문 편이다. 여러 번 산행을 했지만 초등학생을 만난 기억은 거의 없다. 어른들 눈에는 아주 대견스럽고 대단한 아이들로 보였을 테다. 나는 20여 킬로그램쯤 되는 가방이 무겁기는 하지만 나름 살도 빼고, 운동도 제법 해서 작년 보다는 낫다는 느낌이 든다.

드디어 노고단이다. 경치와 바람이 참 좋다. 겨우 500미터 올라와 갈 길이 먼데 살짝 무릎이 당긴다.

돼지령을 향해 출발했다. 이제 본격 산길 시작이다. 선두에 이우주 선생님이 걷고 아이들은 그 뒤를 따른다. 속도가 좀 늦은 몇몇 아이들을 앞에 있게 했다. 나는 뒤에서 걸었다. 아직은 여유롭다. 아이들은 걸으면서 이야기도 나누고, 노래를 부르기도 한다. 다섭이랑 남자 아이들은 서로의 행동을 따라하거나 이상한 길로 걸어 가는 놀이를 했다. '아이들 체력이 좋긴 좋다.'는 생각이 든다.

혁철이와 민찬이는 내 뒤에서 한두 발짝 떨어져 이야기를 하며 걷는다. 작년에 힘들었던 탓인지 혁철이는 "생각보다 엄청 편해. 너무 편한디." 한다. 민찬이는 "왠지 지리산 가는 게 두렵지 않아졌어." 한다.

"경치가 끝내주네요."

"작년보다 그래도 나아요."

"작년에는 너무 체력이 안 되었는데 올해는 좋아요."

길을 가면서 아이들과 지난해 지리산을 걸었던 이야기도 하고 경치도 보며 걸었다.

12시 10분쯤 돼지령에 도착했다. 가방에 남아 있는 김밥을 달라는 아이들이 많다. 배가 고팠는지 남은 김밥을 금세 다 먹었다. 잠깐 쉬고 바로 출발했다. 걸으면서 아이들은 길에 보이는 쓰레기를 주웠다.

산을 걷다 보면 처음 보는 사람도 나이를 떠나 자연스럽게 친구가 된다. 산길을 걸으면서 처음 만나는 분들에게 "안녕하세요?", "애쓰세요." 하며 서로 인사를 나누면 어른들은 "너희들 참 대단하다.", "이야, 자랑스럽다." 하고 대답해서 우리 아이들도 어깨가 으쓱해지고 지친 몸도 힘을 얻는다. 우리와 같이 성삼재를 출발해 앞서거나 뒤서거니 가던 아저씨들과 더욱 다정한 사이가 되었다. 아저씨들은 여러 가지로 도움도 주고 잘 챙겨주신다.

유난히 힘들어하던 동완이를 미리 출발시켜 앞으로 보냈는데 또 뒤로 처진다. 많이 힘들었는지 "에스컬레이터가 있었으면 좋겠어." 한다. 처음에 뒤로 처졌던 다인이, 가현이, 유진이, 동완이가 다시 뭉쳤다. 아이들은 지쳤는지 "킹콩, 노래 한 곡 해봐요. 킹콩이 노래 불러주면 힘이 날 것 같아요." 한다.

나도 힘들기는 하지만 노래를 부르면 왠지 힘이 날 것 같아 요즘 밴드부 아이들과 부르고 있는 〈아름다운 강산〉을 불렀다. 한 곡으로 되겠나. 〈터〉도 부르고, 〈서울에서 평양까지〉도 불렀다. 아이들도 따라 불렀다. 노래를 부르면서 가니 정말 힘이 덜 든다.

어느새 노루목에 도착했다. 1시 40분이다. 산에 오른 외국인을 보고 아이들은 신기한지 "하이." 인사도 건네고, "이렇게 힘든 지리산을 외국인이 뭐하러 온대?" 한다. 노루목을 출발해서 한참을 가고 있는데 어깨와 왼쪽 무릎이 조금씩 아파온다. 아이들도 점점 힘들어한

다. 민찬이가 "킹콩, 업어주세요." 한다. "민찬아, 내 가방 보이지? 나
도 힘들어." 하고 말하니 몇 해 전 제주도 한라산에 갔을 때의 일이
떠올랐다.

"니들 잘 모르지? 그때 3학년이었으니까. 한라산에 갔는데 백록담
에 오르니 비가 엄청나게 오는 거여. 백록담도 제대로 보지 못하고
계단을 내려가다가 5학년 주환이가 발목을 삐긋했지. 누가 업을 사
람이 있어야지. 내가 업고 내려가는데 와, 정말 힘들었어. 주환이 덩
치 알지?"

덩치 큰 주환이를 업었던 제주도 산행 일로 이야기꽃을 피웠다. 이
렇게 삼도봉을 지났다. 삼도봉은 전라북도, 전라남도, 경상남도를 경
계로 하고 있어서 붙여진 이름이다. 아이들은 지난해에도 봤던 거라
며 아는 척을 한다.

3시쯤 되었을까. 뱀사골에서 올라오는 길이 만나는 화개재에 도착
했다. 뱀사골과 화개재. 좋은 기억보다 힘들었던 기억이 새록새록 하
다. 지금은 중학교 2학년인 유경이. 맨 뒤에서 유경이를 데리고 올라
가는데 힘든 계단 길에 도저히 못 가겠다고 울면서 한 발짝도 떼지
않고 주저앉았다. 가방을 들어주며 어르고 달래서 올라가는데 거기
다 무릎까지 아려왔다. 함께 가던 아이들에게 화개재의 추억을 이야
기하는데 아이들도 "진짜요?", "그래요?" 한다.

"이제부터가 진짜 힘든 길이다."

"아이고."

아이들은 한숨이 나오나보다. 지금까지도 힘들었는데 더 힘든 길
이 기다리고 있으니 당연하지. 그래도 즐겁게 가는 아이들은 "하늘
이 예쁘게 보여요.", "도토리 주워 갈까요?" 하며 여유로운 마음을 잃

지 않았다.

토끼봉으로 향하는 계단을 오르면서 잘 걷던 준혁이가 "다리가 떨리기 시작했어." 하니, 너도나도 "나는 왜 졸리지?", "나는 어깨가 아파." 한다. 계단으로 바뀐 곳부터 5학년 유진이가 울기 시작한다. 시우와 다인이, 가현이가 "괜찮아, 우리가 있잖아. 힘내." 하고 위로해 보지만 한번 터진 울음은 그칠 줄 모른다. 내 가방도 20킬로그램이 넘지만 어쩔 수 없이 다현이 가방을 들어주었다. 지리산 종주에서 가방이 주는 무게는 상상 그 이상이다.

가방

임준섭 (장승초 6학년)

엄청 무거운 가방을 메고 걸으니
죽을 것 같다.
가방 없이 걸어도 힘들 텐데
가방을 메고 걸으니
넘어져버릴 것 같고
엄청 힘들다.
지금 당장이라도
가방을 버리고 가고 싶지만
쌀과 옷 등이 있어서
버리지도 못한다. (2013. 9. 23)

30여 분이 지났을까? 가방이 하나 더 늘었다. 동완이 거다. 양쪽에 가방을 멨다. 엄청 힘들다. 앞에 가는 아이들이야 본디 잘 가는 아이들이지만 뒤에 처지는 아이들은 더딘 아이들이어서 차이가 많이 나서는 안 된다. 게다가 날이 어두워지면 위험하기 때문에 처진 아이들을 잘 챙겨야 한다.

뒤에 처지는 아이들은 조금 가다 쉬고 조금 가다 쉬면서 "언제 다 와요?"를 입에 달고 산다. 내가 그 아이들에게 해줄 수 있는 말은 "인제 다 왔어."라는 말밖에 없다. 그래도 포기하지 않고, 올라가는 아이들의 모습이 대견스럽다. 다인이가 또 노래를 불러달란다. 힘들기는 했지만 노래 부르며 오니 어느새 오르막이 끝나고 내리막이다.

4시 30분이 넘었다. 산을 오면 모든 것이 다 귀하고 소중하게 생각된다. 평지를 걷는 기쁨도 알게 되고, 돌길도 다시 보게 된다. 흙으로 된 길이 이렇게 소중하구나, 생각도 한다.

한참을 가는데 형민이가 "보후는 지금쯤 뭐하고 있을까?" 하고 부러워한다. 보후는 3학년 때 전학을 와서 한 번도 1박 2일이나 지리산 종주처럼, 잠을 자는 활동에는 참여한 적이 없다. 아토피가 심해서 아무 데서나 잠을 잘 수 없어 늘 함께하지 못한다.

기다림
권보후 (장승초 4학년)

지리산 간 애들이
언제 올까?
오늘 하루만 기다리면

애들이 온다.

몇 시간만 기다리면

애들이 온다.

무엇을 하면서

시간을 보낼까?

몇 분만 더 있으면

애들이 온다.

애들이 도착했다.

이제는 안 기다려도

되겠다. (2013. 9. 17)

아이들과 함께하지 못하는 보후 마음은 오죽할까. 기다려야 하는 그 마음 말이다. 그래서 보후는 담임교사로서 늘 살펴야 할 숙제다. 아토피를 앓는 보후에게 동무들과 함께하지 못하는 아픔을 주는 게 안타깝기만 하다. 올가을에는 우리 집에서 하는 1박 2일이라도 함께 할 수 있으면 좋으련만.

5시밖에 안 되었는데 일찍 해가 지는 산은 어둑어둑해진다. 마음이 급해진다. 가방 세 개를 들고 가니 온몸이 땀범벅이 되었다. 내가 안쓰러웠는지 현민이가 동완이와 유진이 가방을 들어주었다. 참 대견스럽구나. 5시 30분이 넘어서야 겨우 연하천 대피소에 도착했다. 가장 먼저 도착했던 나영이는 한참을 거슬러 돌아와 아이들을 반기며 가방도 들어준다. 그래 이런 따스한 마음을 서로 나누려고 우리가 이렇게 힘든 길을 걷는 것이다.

작년에는 연하천 대피소가 공사 중이어서 이용하지 못했는데 올해는 말끔히 단장한 모습으로 쓸 수 있어 좋다. 미리 대피소에 전화를 해놓아서인지 여자 11명은 20명이 잘 수 있는 방을 쓰게 되었고, 남자들도 2층에서 19명이 함께 잘 수 있게 해주었다.

저녁 식사 시간이다. 모둠별로 미리 준비한 식단에 따라 요리했다. 연하천 대피소의 좋은 점은 샘이 가까이 있는 것이다. 네 모둠 모두 찌개를 끓인다. 아이들은 배가 고픈지 밥만 바라보고 있다. 드디어 밥이 되고 찌개도 맛있게 끓었다. 이렇게 잘 먹을 수 있나? 코펠 가득한 밥과 찌개를 하나도 남기지 않고 깨끗하게 먹었다. 산에서 먹는 꿀맛 같은 밥과 찌개. 모든 것이 맛있다. 여러 해 한 전통 덕에 먹고 난 후 설거지도 척척 잘한다.

장승 아이들은 지리산 종주를 하면서 배우는 것이 많다. 그 가운데 가장 큰 것은 다른 사람들에게 피해를 주지 않는 것이다. 특히 대피소에서는 저녁에 자는 시간이 일러서 작은 소리도 아주 크게 들린다. 여섯 해째 지리산을 오르면서 대피소에서 지켜야 할 예절은 이젠 장승 아이들이라면 누구나 지켜야 하는 기본이 되었다.

6시쯤 아이들 소리에 잠에서 깼다. 오늘 점심은 세석에서 먹기로 했으니 세석까지 가려면 서둘러야 한다. 아침 식사 준비를 했다. 간단하게 빵으로 식사하는 모둠도 있고, 밥과 찌개를 하는 모둠도 있다. 서두른다고 서둘렀는데도 정리를 하고 나니 8시가 다 되었다. 준비해 온 현수막을 펼치고 기념사진을 찍었다.

연하천에서 형제봉까지는 오르막 없이 완만한 산길이다. 아침 공기도 참 좋다. 형제봉을 지나 벽소령까지 가는 길은 좀 더 힘든 길이다. 지리산같이 산세가 좋고 아름다운 산은 단순히 오르는 것만 목적이 아니라 여유를 갖고 천천히 구경하면서 가면 좋으련만 생각보다

험하기도 하거니와 2박 3일로는 구경할 만큼 여유와 형편이 되지도 않는다. 벽소령을 앞두고 비가 오기 시작한다. 아이들이 비옷을 꺼냈다.

2시간 만에 벽소령에 도착했다. 많이 처지지 않고 모두가 함께 왔다. 벽소령 대피소의 아쉬운 점은 샘이 대피소에서 200미터 정도 떨어져 있다는 것이다. 한참을 내려가야 한다. 그래도 물은 산에서 아주 귀하니 어쩔 수 없다.

물

강동진 (장승초 5학년)

지리산 길을 걸으면서
선비샘까지 간다.
집에서는 물을 함부로 써도
아깝지가 않았는데
지리산을 걸으면서는
샘이 별로 없으니까
물이 아깝다. (2013. 9. 13)

한 발 한 발 발걸음이 무겁고 어깨에 멘 가방이 무거웠지만 아이들과 함께 걸으니 힘내서 걸을 수 있다. 가다가 쉬고 가다가 쉬면서 얼마나 걸었을까? 승민이가 "도시에서 맨날 보는 건물이 여기서는 반가워요." 한다. 그렇다. 지리산 종주 길에서 만나는 대피소는 그렇게 반가울 수가 없다.

세석까지 가는 길이 고비다. 돌이 많고, 오르막과 내리막이 수시로 나온다. 쉬는 시간도 어제보다 많아졌다. 처진 아이들은 제발 쉬어 가자고 난리다. 어디선가 들려오는 말, "지리산을 왜 이렇게 힘들게 올라가요?" 한다. 언젠가 진안 고원길을 걸을 때 아이들이 물었던 말과 같다. 그래, 왜 이렇게 힘들게 산을 오르는 거지? 또 들려오는 말, "차라리 학교에서 공부하는 게 낫겠어요." 한다. 얼마나 힘들면 그런 말을 할까. 오르막을 오를 때면 무릎이 아파와 무릎보호대를 더 조였다. 배도 고프고 푹 쉬고 싶지만 세석까지 2시 안에 가야 한다. 민찬이가 어제처럼 노래를 불러보라는데 지쳐서 그런지 노래도 나오지 않는다. 힘든 오르막을 오르는데 다인이가 "작년에 이런 길이 있었나?" 한다. 나도 처음 걷는 길인 것 같다. 아, 힘들다. 가는 길에 반달곰이 나온다는 표지판이 보인다. 아이들이 장난말로 "반달곰 새끼 만나면 안고 도망쳐." 한다. 함께 웃었다. 힘든 길을 걷는데 아이들이 하는 말들이 귀에 박힌다.

"인생은 한 발씩 가는 거야."

"차라리 지금 죽어서 천국 가는 게 낫지 않을까?"

"동그란 공이 되어 계단을 굴러가고 싶어."

"지리산이 이렇게 개판이었어요? 원래 착했잖아요."

이렇게 한 마디씩 아이들과 말을 주고받으면서 웃기도 하고, 장난도 치면서 선비샘에 도착했다. 작년에는 선비샘에서 라면을 끓여 먹었다. 그 맑은 물로 끓여 먹는 라면 맛은 잊을 수가 없다. 목이 마른 아이들은 물을 벌컥벌컥 마시고, 땀이 흐른 아이들은 세수를 했다. 배고픈 아이들은 간식도 꺼내 먹었다. 꿀맛 같은 휴식이다.

잠깐 쉬고 선비샘을 출발했다. 출발한 지 얼마 안 되었는데 벌써 어깨가 아프다. 신기하게 나도 모르게 이정표로 눈이 간다. 정말 힘든 아이들 마음을 알겠다.

이정표

김현석 (장승초 6학년)

엄청 많이 걸었다.
이정표가 나왔다.
0.4km 걸었다.
이럴 땐 이정표가 짜증 난다.
엄청 많이 걸었다.
이정표가 안 나온다.
이럴 때도 이정표가 짜증 난다.
나와도 짜증 나고
안 나와도 짜증 난다. (2016. 9. 8)

남자아이들 몇에게 물어보니 아직도 힘이 넘치는 아이도 있고, 힘들어 죽겠다는 아이도 있다. 지리산 종주 길에서 가장 힘든 것이 계단이 아닐까 싶다. 1시간은 족히 돌계단을 오르고 내려가고 해야 하니 더 힘들다. 힘든 계단을 오르는데 민찬이가 "아, 지헌이 형 생각난다. 지헌이 형은 이런 길도 달려갔잖아." 한다. 맞아, 그랬지. 지헌이는 지리산 종주도 샌들을 신고, 반팔, 반바지 차림으로 해내서 모두를 놀라게 했다. 아이들은 그런 지헌이를 철인이라고 했다.

대학 때부터 다녔던 길이지만 올 때마다 참 힘든 길이다. 이렇게 힘든데 왜 지리산을 찾을까 나에게 묻는다. 지리산은 묘한 매력이 있는 산이다. 이렇게 좋은 길을 아이들과 함께 걷고 싶었다.

세석으로 가는 길이 힘든 만큼 점점 앞에 가는 아이들과 뒤에 처지는 아이들의 간격이 벌어졌다. 승민이가 "다시 돌고 도는 거 같아요. 다시 선비샘 나오는 거 아니죠?" 한다. 정말 그런가 싶다. 이렇게 힘들게 걸었는데도 세석까지 30분은 더 걸어야 한다.

"다 왔어. 조금만 참아."

"자, 이제 일어나자."

내가 가장 많이 한 말이다. 처진 아이들을 다독이는 것도 참 힘든 일이다. 오죽했으면 킹콩은 거짓말쟁이라고 했을까? 티격태격 말싸움도 하면서 너무 뒤로 처지지 않으려고 어렵게 산길을 간다.

세석에 거의 왔을 때쯤 온몸은 땀으로 젖고, 몸과 마음은 지칠 대로 지쳤다. 드디어 세석 대피소가 가까이 보인다. 벌써 2시 30분이다. 도착하니 대안 중·고등학교 학생들이 있다. 서둘러 라면을 끓였다. 아이들도 모두 라면을 끓인다. 배가 고팠는지 라면을 두 번이나 끓였다. 그냥 여기 눌러앉아 있고 싶은 마음은 굴뚝같지만 오늘 장터목까지 가야 한다. 세석의 풍경은 올 때마다 참 평안하다.

3시 30분, 드디어 출발이다. 서둘러야 늦지 않게 장터목에 도착할 수 있다. 세석에서 출발하면 바로 오르막이 있다. 짊어진 가방이 더 무겁게 느껴진다. 아이들 발걸음도 무겁다. 요즘 유행하는 게임 이야기부터 대학 때 산에서 길을 잃어버렸던 이야기, 일출을 보는 것이 쉽지 않다는 이야기를 하면서 힘을 내 걸었다.

시간이 갈수록 안개가 잔뜩 끼었다. 어두운 길을 걷는 느낌이다. 촛대봉을 거쳐 삼신봉을 지났다. 지나는 길마다 투구꽃, 수리취가 보인다. 깎아지른 절벽 사이로 과남풀, 짚신나물, 이름 모를 풀꽃이 보인다. 힘들지만 그래도 둘레에 들꽃들을 보니 힘이 난다.

드디어 장터목 대피소가 보인다. 정말 반가운 곳이다. 함께 올라온 아이들과 바닥에 털썩 주저앉았다. 시간을 보니 5시 30분이다. 먼저 도착한 아이들은 5시 20분 정도에 도착했다. 뒤에 처진 아이들은 6시 정도에 도착했다. 먼저 도착한 아이들은 쌩쌩하게 놀고 있다. 이래서 아이들이구나. 정말 회복력이 빠르다 싶다.

이젠 저녁을 먹어야 한다. 모둠별로 산장 옆에 있는 새로 지은 곳에서 식사 준비를 했다. 남자아이들 몇이 산장에서 한참 내려가 코펠 가득 물을 떠왔다. 라면을 끓여 먹는 모둠도 있고 찌개를 끓이는 모둠도 있다. 모든 먹을거리가 귀하게 느껴진다.

저녁을 먹고 이젠 산장에서 이틀째 자야 할 시간. 7시 정도밖에 안됐지만 내일 새벽 4시에 일어나려면 지금 자야 한다. 방을 배정받고 모포를 받았다. 남학생들은 오늘도 2층에서 모두 함께 잔다. 1층에는 세석에서 만났던 대안학교 아이들이 있다. 오히려 어른들하고 있는 것보다는 낫다. 옷도 갈아입지 않고, 땀에 젖은 그대로 잠을 잤다. 지리산 종주 내내 씻을 수 없는 것이 가장 힘들다.

4시가 되니 아이들 모두 자연스럽게 일어난다. 아직 일어나지 않은 아이들 몇을 깨우고 천왕봉 올라갈 준비를 했다. 옷을 단단히 입고 밖으로 모였다.

아이들마다 헤드 랜턴을 켜고 드디어 일출을 보러 천왕봉에 향했다. 얼마나 피곤했는지 밤에 한 번도 깨지 않고 잠을 잘 자서 그런지 아침 공기가 상쾌하다. 어제 오는 길이 힘들어서 누구 하나는 못 간다고 떼쓸 줄 알았는데 모두 빠지지 않고 천왕봉을 오른다.

천왕봉으로 오르는 산길은 돌계단이 많아서 힘들기도 하고, 새벽 길을 걸어야 하니 쉽지 않다. 우리만 걷는 것도 아니고 여러 일행들이 긴 줄을 이루며 돌길을 걸어야 한다. 차갑고 거센 산바람 말고는 아무런 소리도 없다. 조용하고 어두운 산길의 적막은 지리산의 또 다른 매력이다. 별이 쏟아질 듯 펼쳐진 하늘을 보니 오늘은 멋진 일출을 보겠다는 생각이 든다.

너무 빨리 오르면 춥기만 하니 쉬면서 천천히 올랐다. 그런데 오르면 오를수록 안개가 점점 자욱해지더니 별빛이 하나도 보이지 않는다. 오늘 일출을 보는 것은 틀렸나 보다. 일출 시간이 6시 6분인데 천왕봉에 5시 30분에 도착했다. 안개가 자욱해서 앞도 잘 보이지 않는다. 결국 기대했던 일출은 보지 못했다. 정말 아쉽다. 아이들은 "도대체 왜 올라온 거야." 하고 투덜거린다. 춥다고 얼른 내려가자고 한다. 사진은 찍어야지 싶어 모두 모여 사진을 찍었다.

천왕봉
정민혁 (장승초 4학년)

지리산 꼭대기 천왕봉
해발 1915m 천왕봉
내가 여기까지 어떻게 올라왔지?
날은 춥고
바람도 많이 분다.
어? 구름 사이로 해가 보이네.
와, 정말 예쁘다. (2013. 9. 13)

기대했던 일출을 보지는 못했지만 2박 3일 모두가 함께 천왕봉에 올라왔다는 것만으로도 값진 경험이 되리라 생각한다. 시우가 천왕봉을 오르는 내내 아팠나 보다. 점퍼를 입고 몸을 움츠리고 앉아 있다. 소영이 아빠가 준비해 온 침을 놔주니 그나마 좀 얼굴이 펴진다.

내년을 기약하고 아쉬움을 뒤로 하며 이젠 천왕봉을 내려가야 한다. 내려오는 길은 올라가는 길보다는 낫다. 날이 밝아오니 고사목도 보이고 많은 풀꽃들이 보인다. 한참을 걸어서 드디어 어렵게 장터목산장에 도착했다. 대피소에서 먹는 마지막 식사다. 준비해 온 재료들을 모두 꺼냈다. 밥이 다 되고 찌개는 따로 끓이지 않았다. 준비한 밥에 고추장과 김치를 풀고 재료를 모두 넣어 밥을 비볐다. 아이들은 모둠별로 여러 가지 요리를 해서 아침밥을 먹었다. 썩 잘한 요리는 아니지만 배고픔에는 모든 음식이 맛있는 법이다.

이젠 내려가는 일만 남았다. 무릎이 잘 버텨주어야 할 텐데 걱정이다. 준비물을 다 정리하고 이번에는 산을 잘 타는 아이들이 미리 내려가지 않고 모둠을 이루어 내려가기로 했다. 가장 힘든 길은 참샘 내려가는 길. 몇몇 아이들은 도대체 언제 참샘이 나오냐고 투덜거린다. 참샘에 도착했다. 물을 벌컥벌컥 마시고 한참을 쉬었다. 날쌘 남자아이들은 진작 내려와 한참 쉬고 있었다. 내려가라는 신호만 떨어지면 먼저 내려가려고 만반의 준비를 갖춘 표정이다.

1시쯤 되었을까. 드디어 도착이다. 아~. 한숨이 절로 나온다. 내려온 아이들은 족욕하는 곳에 발을 담갔다. 아이들과 이렇게 또 한 번의 종주를 했구나 생각하니 안도감이 느껴진다. 아이들도 하나둘씩 내려온다. 주차장으로 가니 차가 기다리고 있다. 차에 가방을 내려놓으니 이제 정말 다 왔구나 싶다. 힘들어하고 고통스러워하던 아이들은 지금쯤 잘 내려오고 있을까?

마지막 아이들이 내려오니 1시 30분이 넘었다. 드디어 점심을 먹으러 출발. 점심은 늘 먹는 남원 시내에 있는 짜장면 집으로 간다. 차 안에서 잠깐 졸다보니 금세 도착했다. 해마다 지리산 종주 뒤에 먹는 짜장 맛은 잊을 수가 없다.

짜장면을 먹고 학교로 오는 차 안에서 마음이 참 편안하고 뿌듯했다. 어려움을 이겨내고 아이들 모두와 산에 무사히 잘 다녀왔다는, 말로 표현할 수 없는 이 기분. 오는 차 안에서 6학년 아이들에게 "얘들아, 내년에 중학생 돼도 갈 거지?" 하니 "에이, 왜 그러세요. 이번이 마지막이죠." 한다. 힘들게 걸었던 지리산 종주의 경험이 그저 경험으로 끝나는 것이 아니라 아이들이 살아갈 삶에 큰 힘을 주는 좋은 경험이라 믿는다.

학교 갈 생각만 하면
빨리 나가고 싶다

"오줌이 누고 싶어서 변소에 갔더니 해바라기가 내 자지를 볼라고 볼라고 한다. 그렇지만 그렇지만 나는 안 보여줬다."

한 아이가 잠에서 깬 후, 가기가 불편하고 일을 보기 힘든 화장실에서 오줌을 누려고 했더니 뻥 뚫린 화장실 창문으로 해바라기가 쳐다보고 있는 것이다. 당황한 그 아이는 얼른 자지를 가렸다는 시다. 이 이야기는 1969년 안동 대곡분교 3학년인 이재흠 학생이 쓴 시인데 이오덕 선생님이 엮은 『일하는 아이들』 책에 실렸다. 2002년에 아이들 시에 곡을 많이 쓴 백창우 님이 곡을 붙여 노래로 나온 것이다.

어린 시절, 지금처럼 화장실이 집 안에 있지 않고 밖에 있을 때는 밤에 화장실을 가려면 무섭기도 하고, 부모님이나 형, 누나의 불빛 도움을 받아 가곤 했었다. 더군다나 지금처럼 수세식 화장실도 아니었기 때문에 아이들에겐 화장실 가는 것이 큰일이었다. 어린아이가 자칫 잘못하다가는 똥통에 빠질 수도 있어서 아주 위험했다.

지금도 '자지'라고 하면 금기시하고, 남 앞에서 말을 꺼리는데 서슬 퍼렇던 1960년 대에 '자지'라는 말을 초등학생이 당당하게 시에 쓸 수 있었는지 생각할수록 참 대단하다. 그렇게 쓸 수 있도록 허락

한 이오덕 선생님도 대단한 분이다. 그렇다고 시가 결코 지금 아이들이 쓰는 욕처럼 가볍거나 장난식도 아니다. 그럼에도 서글픈 마음이 드는 것은 40년이 지난 지금도 〈내 자지〉라고 하는 노래를 단순히 제목만 보고 '에이 뭐 이 따위 노래가 다 있어?' 하고 생각하는 분들이 있다는 것이다. 내용이 어떤 내용이고, 어떤 마음으로 그런 노래가 나오게 되었는지는 상관없이 노래 제목과 내용에 '자지'가 들어갔다는 것이 문제가 된다. 시대가 많이 달라졌을 터인데 꼭 그렇지만도 않은 것 같다.

2009년, 진안 읍내 학교에서 6학년 담임을 맡고 있을 때이다. 읍내 학교지만 한 학년에 한 반 또는 두 반 규모의 전교생이 200명도 채 안 되는 학교였다. 2학기에 교내 동요대회가 열렸는데 우리 반은 네 모둠이 짝을 이루어 참가했다.

참가하는 아이들 가운데 노래를 잘 부르고 싶은 아이들도 있겠지만 구경하는 아이들을 즐겁게 해주고 싶은 장난기 가득한 아이들도 있다. 그 마음을 잘 알기에 몇 아이들은 노래를 재미나게 부르기를 바랐다. 하지만 연습하는 과정에서 문제가 생겼다. 국빈이, 수빈이, 성연이, 성헌이라는 아이들이 짝을 이루었는데 넷이 부를 노래가 앞에서 말한 〈내 자지〉라는 노래였다. 담당 선생은 말씀 안 했지만 노래 제목이 좀 그런 눈치였고, 교감 선생은 제목이 좀 그렇다고 제목이라도 바꾸기를 바랐다. 그렇게 말씀하신 까닭을 잘 알고 있었다. 분명히 교장 선생은 노래가 적절하지 않아 바꾸라는 말을 할 것이니 미리 말씀하신 것이다. 어쩔 수 없이 아이들에게 노래를 바꾸는 것이 어떻겠느냐고 이야기했는데 대뜸 수빈이가 "누가 하지 말라는데요. 저희가 가서 잘 설득해 볼게요." 한다.

"수빈아, 그게 아니고 다른 좋은 노래도 많잖아. 어른들이 불편해 하시니까 그렇지."

"그러니까 저희가 가서 그 노래 나쁜 노래 아니라고 말씀 드릴게요."

그렇게 말하는 수빈이가 대견스럽기도 하고, 자기 생각을 또렷이 말하는 모습이 자랑스럽기도 했다. 하지만 노래는 결국 6학년 음악 교과서에 나오는 〈뻐꾸기〉라는 노래로 바뀌고 말았다. 1학기 때 배운 노래이기도 했고, 재미나게 부를 수 있는 곡이라고 생각했다.

작은 강당에 전교생이 모였다. 전교생 앞에서 긴장했지만 아이들은 참 잘 불렀다. 용수는 조금 자신감 없는 모습을 보이기도 했지만 막상 노래를 부르니 고운 목소리로 잘했고, 윤주와 진이는 노래 시작 전에 교장 선생이 마이크 하나 제대로 놓지 못한다고 큰 소리로 말해서 긴장하기는 했지만 그래도 고운 화음으로 끝까지 노래를 불렀다. 정연이와 보람이, 강희도 중간에 정연이가 조금씩 웃기는 했지만 평소 연습한 것보다 노래를 잘 불렀다. 드디어 4총사의 차례가 되었다. 수빈이, 국빈이, 성연이, 성헌이는 재미나고 멋진 율동까지 선보이며 딱딱한 분위기의 동요대회에 웃음꽃을 선물했다.

나도 동요를 좋아해서 자주 부르고 듣는다. 아이들과 동요를 부르다 보면 유행가를 좋아하는 아이도 있지만 대부분 아이들이 동요를 더 좋아한다. 특히 아이들의 삶이 담긴 시에 곡을 붙인 노래를 좋아한다. 아이들다운 노래는 무엇보다 아이들이 쓴 시로 만든 노래만큼 좋은 것은 없다고 본다. 물론 〈내 자지〉라는 노래도 그렇다.

동요대회를 하면서 기분이 씁쓸했던 것은 모든 진행이나 대회가 마치 누군가에게 잘 보이기 위해 준비한 것처럼 느껴져 아쉬움이 남는다. 동요대회가 진행되는 동안 아이들이 조금 떠든다고 큰 소리로 아이들을 통제하고 분위기를 깨는 말들이 참 안타까웠다. 물론 동요대회에 맞게 잘 듣고, 자세를 바르게 하며, 조용히 하는 게 맞기는 하다. 하지만 아이들 잔치에 아이들은 중심에 없고, 어른들 중심으로 평가하고, 가르치려고만 하는 것 같아 씁쓸했다. 학급에서 아이들 생활지도가 덜 되었다느니, 바른 자세로 앉아 있지 못하는 아이들을 향해 바르게 앉으라고 소리치는 모습이 동요대회와 어울리지 않았다.

우리 학교
오지훈 (장승초 6학년)

우리 학교는
학생 수가 적어도 행복하다.
쉬는 시간 30분
할 수 있는 것은
다 할 수 있다.
산과 나무가 많은 학교
나와 친구들이 나무를 잡고
사이좋게 산을 오른다.
정말 우리 학교가 좋다. (2011. 3. 31)

학교가 아이들에게 집처럼 편안한 공간이었으면 좋겠다. 지난 2012년에 장승학교에 새로 지은 교실 네 칸은 그런 꿈을 실현한 공간이었다.

"교실에 다락이 있었으면 좋겠어요."

"바닥이 따뜻했으면 좋겠어요."

"문을 열면 바로 운동장으로 나갈 수 있으면 좋겠어요."

"교실마다 화장실이 있었으면 좋겠어요."

"숲처럼 나무 향이 나면 좋겠어요."

건물을 짓기 전에 아이들 의견을 받아보니 아이들 생각은 자유로웠다. 아이들의 의견을 교실에 반영하는 것이 문제였다. 하지만 학교 구성원들이 뜻을 모으고, 아이들 의견을 반영할 수 있도록 노력하니 그래도 모두는 아니지만 다락이 있는 교실, 바닥이 따뜻한 교실, 문을 열면 운동장으로 나갈 수 있는 교실, 나무 향이 그윽한 교실이 실현되었다.

아이들이 있어서 학교가 존재한다고 이야기하지만 정작 학교 현장의 의사 결정에 아이들이 소외되는 경우를 종종 본다. 아이들이 학교를 좋아하게 만들려면 아이들 목소리를 적극 반영해야 한다. 그럴 때 아이들은 '우아, 내 말도 들어주는구나.' 하고 학교를 좋아하게 되고, 존중받고 있다는 생각을 한다.

잠

강예림 (장승초 6학년)

어제 분명 일찍 자고

꽤 늦게 일어났는데

눈 감고 1분 후에 일어난 것 같다.

요즘은 추워서

더 이불 속으로 들어가고 싶고
더 일어나기 싫은 것 같다.
그래도 학교 갈 생각만 하면
빨리 나가고 싶다. (2011. 3. 22)

2010년, 작은 학교 살리기 운동으로 출발한 장승학교 살리기는 여러 사람들이 하나로 마음을 모아 시작한 학교였다. 2012년 2월 폐교 예정 학교의 꼬리표를 달고, 2010년 전교생 13명에 3학급인 초미니 학교였다. 하지만 작은 학교 운동에 뜻을 둔 선생님과 학부모, 지역 운동가들이 함께 노력해 2011년에 번듯한 6학급, 57명이 되었다. 이런 기적이 가능했던 것은 무엇보다 선생들의 열정을 믿어준 학부모가 있었기에 가능했다. 처음에는 반신반의했지만 그래도 선생들에 대한 믿음은 행복한 학교를 만들어 가는 단단한 기반이 되었다. 그 기반 위에 선생들은 늦은 시간까지 아이들이 행복한 학교를 만들기 위해 준비하고 토론했다. 학교가 알려지면서 전국 곳곳에서 전학을 왔다.

무엇보다 아이가 아침에 일어나서 학교에 가고 싶어 한다면 그 이상 좋은 것이 있을까? 특히 추운 날은 어른이고, 아이고 더 밖에 나가기 싫어지기 마련인데 학교 갈 생각만 하면 행복하다니 얼마나 행복한 일인가.

우리 학교

이산하 (장승초 4학년)

우리 학교는 좋다.
우리 학교는 혁신학교다.
우리 학교에 전학 왔다.
전학 와보니 좋다.
우리 학교만 계속 다닐 거다. (2014. 4. 1)

장승학교에 전학 온 아이들은 장승학교가 왜 좋을까?
"쉬는 시간이 30분이어서 좋아요."
"용마봉이 있어서 산에서 놀 수 있어요."
"세동천에서 물고기도 잡을 수 있어요."
"선생님들이 친절해요."
"친구들이 좋아요."
장승학교에 다니는 아이들이 주로 하는 말이다. 특히 학교 둘레에
산과 물이 있어서 더 좋은가 보다. 아이들이 전학을 오면 아이들 사
이에 약간의 부딪힘이 있기 마련이다. 하지만 아이들은 언제 그랬냐
는 듯 금세 친해진다.
2011년, 아이들이 갑자기 늘어나면서 여러 가지 문제도 일어났다.
태어나고 자란 문화가 전혀 다른 아이들이 한꺼번에 모여 생활했으
니 아이들 사이에 다툼이 있을 수밖에 없다. 학교에서 밤늦게까지 회
의했던 주된 주제는 아이들 사이의 관계였다. 어떻게 하면 아이들끼
리 잘 지내도록 도와줄까 끊임없이 이야기를 나눴다. 그런 노력의 결

과인지 점점 시간이 지나면서 아이들 관계가 회복되었고, 장승만의
빛깔 있는 학교 분위기도 생겼다.

학교
최어진 (장승초 5학년)

학교, 학교란
가고 싶은 데가 있고
가기 싫은 데가 있다.
우리는 우리가 생각할 때
어떤 학교에 다닐까?
난 세상에서
가장 좋은 학교에 다닌다.
난 세상에서 가장 행복하다. (2012. 11. 15)

멀리 경기도 평택과 분당, 가까이는 인근 전주에서 전학을 많이 왔
다. 처음에는 전주에서 가까워 45인승 버스로 아이들을 보내던 부모
들이 어느 순간부터 학교 둘레로 이사 오기 시작했다. 한 시간 남짓
한 통학 시간이 그리 부담스러운 것은 아니지만 아이들을 학교에 보
내다보니 학교 둘레에 살면서 학교를 보내고 싶어 하는 부모들이 늘
었다. 학교가 살아나기 전에는 마을마다 아이들을 거의 찾아볼 수
없었는데 지금은 마을마다 아이들 노는 모습이 보인다. 덕분에 학교
둘레에 젊은 사람들이 많아져서 함께 어울릴 수 있으니 좋기도 하다.
아이들 교육 때문에 학교 둘레에 이사를 오기는 했지만 오로지 아이

교육을 위해 희생하는 것만은 아니다. 무엇보다 부모가 행복해야 아이들도 행복할 수 있다.

정환이
민진홍 (송풍초 5학년)

정환이는 잘 삐진다.
자기가 놀릴 때는 잘 놀리면서
똑같이 놀리면 삐진다.
정환이랑 나랑 가끔 싸운다.
별일도 아닌데
싸우면 심하게 싸울 때도 있다.
막대기로 때리고 발로 차고 한다.
그래도 왠지 나는 정환이가 좋다. (2007. 4. 3)

한 반에 너덧 명밖에 안 되는 시골 학교에서 아이들끼리 사이가 나쁘면 곤란하다. 유치원부터 중학교까지 10년 넘게 함께해야 하기 때문이다. 도시처럼 아이들 숫자라도 많으면 한 친구와 사이가 나쁘면 다른 친구를 사귀면 되지만 시골 학교는 그렇지 않다. 그래서 숫자가 많지 않은 아이들 사이에 따돌림이 있으면 도시에서 받는 상처보다 훨씬 크다.

송풍학교 5학년은 넷이었는데 여자아이는 다정이 하나, 남자아이는 정환이, 진홍이, 하겸이 셋이었다. 다행히 아이들은 남녀 구분하지 않고, 유치원 때부터 친하게 지냈다. 특히 정환이와 진홍이는 집이 가까워 단짝이었다. 정환이는 조부모님과 지냈는데 마음이 아주 여린 아이였다. 진홍이는 부모님과 누나, 남동생 다섯 식구였다. 참 순수하고 맑은 아이였다. 그래서 그런지 진홍이 시는 지금도 울림을 주는 시들이 많다.

소영이와 놀고 싶다
김시우 (장승초 3학년)

지금 소영이와 놀고 싶다.
지금 세동천에 가서
소영이와 놀고 싶다.
지금 세동천에서
다슬기와 송사리를 잡고 싶다. (2014. 5. 29)

장승학교 옆으로 세동천이 있다. 물이 맑고 깊지도 않아서 아이들이 놀기에 딱 좋은 냇가였다. 다슬기와 송사리, 여러 가지 물고기가 제법 있는 편이었다. 날이 따뜻해지면 아이들은 학교에 오자마자 냇가에 가서 물놀이를 하거나 물고기를 잡기도 한다. 또 체육 시간에도 물놀이를 가끔 할 정도로 좋았다. 여름이면 주말에 누가 말하지 않아도 부모와 아이들이 세동천에 모였다. 아이들은 냇가에서 놀고, 어른들은 나무 그늘에 앉아서 놀거나 아이들과 함께 냇가에서 놀기도 했다. 하지만 몇 해 전에 사대강 지류 사업으로 하천을 굴착기로 파헤치고, 옆에 인공으로 돌을 쌓으면서 두 해 정도 아이들이 거의 놀 수 없게 되었다. 뿐만 아니라 본디 천이 가지고 있던 멋도 지금은 찾아볼 수 없다. 있는 그대로가 좋은 냇가를 파헤쳐놓은 것이다.

친구 연지
전소린 (송풍초 6학년)

내 친구 연지는
엄마 같다.
엄마처럼 아픈 곳이 있으면
약도 주고 걱정도 해주는 엄마
어떨 때는 잔소리가 많은 엄마
맛있는 것도 사주고 챙겨주는 엄마 같다.
난 아직도 어린데
연지는 벌써 다 큰 것 같다. (2005. 9. 20)

연지는 심장병이 있는 아이였다. 진홍이 누나이기도 하다. 진홍이
도 생각이 깊지만 연지도 생각이 깊다. 하지만 심장병 때문에 달리기
도 못하고, 몸으로 하는 활동을 거의 하지 못했다. 부모님이나 친구
들, 동생들에게 답답해하거나 짜증을 낼 법도 한데 마음이 넓어 짜
증 내는 일도 없다. 몸이 아프다보니 생각이 많아지고, 철이 일찍 든
편이었다. 친구들 고민이 있으면 들어주고, 상담도 해주었다. 또 아이
들이 철없는 행동을 할 때면 내가 할 잔소리를 마치 선생처럼 대신해
주었다. 몇 안 되는 여자아이들은 그렇게 친구처럼 엄마처럼 서로 챙
기면서 사이좋게 지냈다. 아이들 숫자가 적은 시골 학교에서 또래 관
계성을 걱정하기도 하는데 생각해보면 숫자가 많다고 모든 아이들의

관계가 좋은 건 아니다.

다행히 연지의 중학교 때 선생님 한 분이 심장 재단에 연지의 사연을 알려서 무료로 수술을 받을 수 있었다. 덕분에 연지는 지금 예쁘고 건강한 성인이 되었다.

학교에서 아이들과 관계가 좋거나 친구들과 잘 지내는 아이들은 대체로 학교 가는 것을 좋아한다. 사회생활을 하는 어른들에게 관계가 중요하듯이 작은 사회인 학교에서 아이들은 친구들과의 좋은 관계가 무엇보다 소중하다.

선생님
이준혁 (장승초 3학년)

선생님, 밥 검사 안 맡고
자기 마음대로
밥 먹으면 안 돼요?
왜냐면 빨리 쉬는 시간
갖고 싶어요. (2014. 5. 29)

주로 6학년 담임을 하다가 3학년 담임을 맡으니 아이들이 훨씬 어리게 보였다. 6학년들은 주로 아이들이 결정하고, 그 결정에 따라 지키도록 도와주면 되지만 왠지 3학년 아이들은 밥 검사도 해야 할 것같고, 일기도 살펴야 할 것만 같았다. 그래서 밥을 먹고 나면 식판에반찬은 골고루 먹었는지 꼭 살피곤 했다.

5월 어느 날, 준혁이가 글쓰기 공책에 시를 써왔다. 장승학교는 점심시간이 12시 30분부터 1시 30분까지인데 다른 학교보다 점심 식사 시간이 늦은 편이고, 점심시간도 한 시간으로 짧은 편이다. 그런데 밥을 먹고, 나에게 검사를 맡아야 하니 쉬는 시간이 짧아진다고 생각한 듯하다. 그래서 그날 아이들과 이야기를 나누면서 "그럼, 너무 급하게 먹지 않고 깨끗하게 먹는 걸로 검사를 대신할까?" 하니 아이들 모두 좋다고 "예~." 한다. 일기도 그랬다. 어느 날 운주가 쓰고 싶은 사람만 쓰면 좋겠다고 글을 썼다. 물론 운주의 의견에 따라 일기도 자유롭게 쓰기로 했지만 그렇다고 일기를 전혀 안 쓰거나 하지 않고 대부분 아이들은 꾸준히 썼다.

늘 아이들을 믿어주자고 말하지만 어른들이 아이들을 바라보는 시선 속에는 여전히 '잘할 수 있을까.', '그냥 놔둬도 될까?' 하는 두려움이나 불안감이 있다. 하지만 시간을 두고 충분히 아이들을 믿어주고 응원해주면 믿는 만큼 아이들은 성장하고 노력하는 모습을 보여준다.

킹콩 선생님이 방문하신 날
배소영 (장승초 3학년)

학교 다녀와서 옷을 갈아입고,
샐러드를 하려고
도마와 칼을 꺼낸다.
채소를 꺼내
아빠가 채소를 씻어주었다.
칼로 채소를 자르고,

아빠도 채소를 같이 잘랐다.

아빠는 고기를 삶아서

먹어 보았는데 정말 맛있다.

밥을 다 준비했다.

킹콩 선생님이 왔다.

그래서 밥을 먹었다.

정말 맛있다.

아빠가 킹콩 선생님이랑

차 방에 갔다. (2014. 3. 24)

아이들은 어느 순간부터 자연스럽게 나를 "킹콩~"이라 부른다. 나는 듣기 좋은데 어른들은 그 말이 불편하게 들리나 보다. "어디 버르장머리 없게 선생님을 그렇게 불러? 선생님이라고 불러!" 하고 아이들을 나무란다. 어른들이 혼내면 편하고 가깝게 다가왔던 아이들도 금세 나를 다시 선생으로 바라본다.

선생이라는 이름으로 교사의 권위가 세워지지 않는다. 아버지가 권위의식을 가지고 식구들을 대한다고 해서 가정에서 권위가 세워지는 것은 아니듯 선생도 마찬가지다. 권위의식을 가지고 아이들을 만난다고 해서 아이들이 선생의 권위를 존중하는 것은 아니다. 그것은 진정으로 교사를 존중하는 것이 아니라 두려움으로 인해 숨을 죽이는 것에 불과하다. 아이들에게서 진정한 권위를 찾으려면 나를 내려놓고 아이들에게 다가가야 한다.

몽실 언니 목소리

신윤주 (진안중앙초 6학년)

선생님께서는 매일 아침
책을 읽어주신다.
그런데 사자왕 형제 목소리가
몽실 언니와 난남이 목소리 같다.
그래서 몽실 언니가 계속 생각난다. (2009. 3. 30)

동화책의 깊이와 무게를 어느 순간 알고부터 동화에 빠지기 시작
했다. 아침마다 아이들에게 책을 읽어준 지도 벌써 10년이 훌쩍 넘었
다. 좋은 동화책은 꼭 사서 읽고, 우리 반 아이들에게 읽어주려고 한
다. 아이들에게 책을 읽어주면, 책을 그리 좋아하지 않던 아이들도
관심을 가지고 읽어 보려고 한다. 그러면서 자연스럽게 책을 가까이
하고, 즐겨 읽는다. 책을 억지로 읽히면 책을 더 싫어하기 때문에 아
이들이 자연스럽게 책을 읽을 수 있도록 도와야 한다. 그 중심에 책
읽어주기가 있다. 특히 『몽실 언니』는 해마다 아이들을 만날 때 가
장 먼저 읽어주는 책 가운데 하나다. 몇 번을 읽어도 늘 감동을 주
는 책이다. 무엇보다 책을 잘 읽지 않던 아이가 내가 읽어준 책을 듣
고, 어느 순간 그 책에 빠진 모습을 보면 '책 읽어주기가 이런 힘이
있구나.' 하고 새삼 깨닫는다.

아이들이 책을 읽는 분위기를 만들기 위해 내가 읽은 책이나 읽어
준 책으로 학급문고도 특별하게 꾸몄다. 그러면서 수업도 조금씩 달
라지기 시작했다. 가장 많이 바뀐 것은 국어 교과서만이라도 자유로

워질 수 있었다는 것이다.

선생님 눈
민진홍 (송풍초 5학년)

수업할 때 선생님이
나만 보고 수업하시는 것 같다.
다른 애들도 자기만 보고
하는 것 같다고 한다. (2007. 9. 1)

아이들 눈빛은 참 맑다. 꾸밈이 없다. 아이들은 선생이 바라보는
눈이 부담스럽겠지만 공부 시간에 아이들 눈빛이 빛나면 그 눈빛과
마주칠 때마다 마치 아이들과 마음을 나누는 기분이 들 때가 있다.
한 사람, 한 사람 눈빛을 보면서 아이들이 무슨 생각을 하는지, 아이
들이 어떤 마음인지 헤아리면서 순간순간 내 수업을 돌아본다. 눈빛
과 눈빛으로 서로 교감한다.

글자의 힘
윤일호

냄새가 나는 것도 아닌데
똥이라는 글자만 봐도
코를 막고 킥킥거리네.

배가 고픈 것도 아닌데
밥이라는 글자만 봐도
뱃속에서 꼬르륵하네.

공부를 하는 것도 아닌데
책이라는 글자만 봐도
머리가 지끈거리네.

학교라는 공간이 아이들에게 고정관념을 심어주는 곳이 아니라 끊임없이 상상하게 하는 공간이 되었으면 좋겠다. 그렇게 되려면 학교가 아이들에게 가고 싶고, 편안한 곳이 되어야 한다. 상상력은 마음이 불편하고, 딱딱한 공간에서 나올 수 없다. 학교는 어떤 생각도 존중받고, 어떤 이야기도 나눌 수 있으며 말랑말랑한 생각들을 언제든 표현할 수 있는 곳이어야 한다.

공부, 책, 학교, 친구 따위의 글자가 가진 힘이 부정의 느낌이 아니라 긍정의 힘으로 아이들 마음에 남았으면 좋겠다. '공부'를 생각하면 부담 없이 편안해 할 수 있고, '책'을 생각하면 읽고 싶어지고 늘 손에 들고 다니면서 학교 어디서나 편안하게 읽을 수 있으면 좋겠다. '학교'는 늘 가고 싶고, 행복을 주는 이미지였으면 좋겠다. 물론 그런 학교에서 보고 싶고, 함께하고 싶은 친구들이 많으면 얼마나 좋을까.